PALAIS ET JARDINS
DE PERSE

DIRECTION D'OUVRAGE
Catherine Laulhère-Vigneau

ÉDITION
Marie Laure Miranda assistée de Camille Gouzard

CONCEPTION ET RÉALISATION
Karine Bécourt-Foch

FABRICATION
Mélanie Lahaye

RELECTURE
M. Poupard

CARTE P. 6
Thierry Renard

PHOTOGRAVURE
Eurésys

ISBN 2080108387
FA0838

© Flammarion, Paris, 2002.
26 rue Racine - 75006 Paris

Dépôt légal : novembre 2002

Texte Yves Porter   *Photographies* Arthur Thévenart

PALAIS ET JARDINS DE PERSE

Flammarion

SOMMAIRE

Avant-propos	6
Introduction : le paradis sur Terre	10

L'EAU — 18

CAPTATION ET DISTRIBUTION DE L'EAU	21
Les puits et les qanât	21
Élévation de l'eau	24
Barrages et ponts	25
Citernes et glacières	33
Le bassin, la fontaine	34
Jeux d'eau	*40*
LE HAMMAM	44
LE JARDIN NATUREL	55

LA BRIQUE — 60

LE MUR	68
PALAIS ET JARDINS ROYAUX	76
Paradis achéménides	79
Persépolis	*83*
Ctésiphon : le palais par excellence	85
Jardins des premiers siècles de l'Islam	87
Les jardins timourides	89
Palais et jardins safavides : Le point de vue du prince	93
Isfahan : l'image du monde	*94*
'Âli Qâpu	*94*
Chehel-sotun	*99*
Hasht-behesht	*106*
Farahâbâd	*108*
Relais sur la route royale	*109*

SOMMAIRE

Le jardin de Fîn	*112*
Les jardins d'Ashraf	*112*
Palais et demeures des Zand et des Qâjârs	124
Chiraz	*124*
Bâgh-e Eram	124
Nâranjestân (maison Qavvâm)	124
Le palais du Golestân à Téhéran	*132*
Kâshân	*134*
Maison Borudjerdi	134
Maison Tabâtabâ'i	134
JARDINS POUR L'ÉTUDE ET LA MÉDITATION	143
JARDINS D'ÉTERNITÉ	147
Le jardin de Hâfez à Chiraz	147
Le mausolée de Shâh Ne'mat-ollâh à Mâhân	151

L'ORNEMENT — 152

LA PEINTURE	167
La peinture murale sous les Safavides	167
LA CÉRAMIQUE	180
Le lustre métallique	180
Les décors « de petit feu »	186
La recherche de la polychromie	186
SCULPTURES DE PIERRE ET DE STUC	196
VITRAUX, MIROIRS ET BOISERIES	216
Boiseries	232

Postface	**234**
Lexique de l'architecture persane	**236**
Tableau chronologique	**237**
Bibliographie	**238**

AVANT-PROPOS

Te souvient-il ami ?
Des dômes d'Isfahan, des coupoles bleutées
Qui de l'azur sans fin volèrent la transparence ?
De Chiraz encadrée de ses roses et d'iris,
Verte Farahâbâd aux sombres allées denses
Et de Persépolis l'ineffable silence ?

Peer Styrvo

Écrire un ouvrage sur les palais et les jardins de Perse peut sembler une gageure ; d'une part, parce que si l'on devait considérer la totalité des palais et jardins construits dans cette région depuis la nuit des temps jusqu'à nos jours, plusieurs volumes n'y suffiraient pas[1] ; il ne sera donc pas question ici d'exhaustivité. D'autre part, ces « paradis », qui ont fait en leur temps la gloire de leurs bâtisseurs et de la Perse entière, sont par définition des constructions éphémères, ayant souvent complètement disparu ou se trouvant parfois, même encore de nos jours, sous la menace de destructions.

Bien que l'on possède actuellement des méthodes scientifiques, comme la palynologie, qui permettent de cerner avec plus ou moins de précision les espèces botaniques qui ornaient les jardins, il faut – lorsque le site d'un palais-jardin est connu, ce qui est loin d'être toujours le cas – un grand effort d'imagination pour le visualiser tel qu'il pouvait être lors de sa création. Par ailleurs, si l'on réussit à découvrir un site relativement bien préservé, celui-ci ne dévoile que très imparfaitement son organisation spatiale, ou, autrement dit, la façon dont les habitants de ces lieux investissaient les différents espaces. Il faut tout d'abord imaginer une division facile à comprendre, que l'on retrouve dans les palais aussi bien que dans des demeures moins aristocratiques : le « dehors » (ou *birun*), accessible à un plus grand nombre, et le « dedans » (*andarun*), réservé à la famille et à ce qu'on appelle le harem (*haram* : l'enceinte inviolable).

Quand l'on déambule dans les ruines de Persépolis, aucun rideau, aucune barrière humaine ne limite la vue du visiteur, rendant ainsi une image bien fausse du caractère hautement hiérarchisé de la division spatiale du palais, avec ses parties publiques et ses zones interdites. De même, lorsque l'on visite les quelques palais conservés à Isfahan, il paraît *a priori* impossible de deviner la fonction attribuée à chacun des espaces que l'on voit.

Cette dualité entre le dehors et le dedans, qui s'exprime simplement dans la demeure, peut se transposer dans l'idée même du jardin, clôture préservée face aux agressions du dehors.

Ces considérations impliquent que si l'on veut se faire une idée plus juste de l'aspect de ces complexes palatiaux, il faut se reporter à des descriptions anciennes ; nous ferons donc appel aux récits des chroniqueurs de l'époque concernée par l'édifice, ou des voyageurs européens qui ont parcouru ces contrées. Une certaine prudence s'impose néanmoins au lecteur ; en effet, comme on pourrait s'y attendre, les descriptions des chroniqueurs sont volontiers d'un caractère laudatif, parfois proche du panégyrique, puisque leur but premier est souvent la louange du monarque ; quant aux voyageurs, ils décrivent ce qu'ils voient sans toujours le comprendre, utilisent souvent des transcriptions fantaisistes de mots persans, ou des termes impropres. Ces sources doivent donc être interprétées avec précaution car, si d'un côté elles nous permettent d'avoir une vision « vivante » des endroits décrits, elles

---

1. Certains auteurs se sont risqués à l'exercice, dont Donald Wilber avec son remarquable *Persian Gardens and Garden Pavilions,* 1962, ou l'ouvrage plus récent de M. Khansari, M.R. Moghtader et M. Yavari, *The Persian Garden : echoes of Paradise,* 1998. Comme le titre de ces deux ouvrages l'indique, ils concernent essentiellement les jardins, la description des palais étant subordonnée à ceux-ci.

peuvent également parfois prêter à confusion. Un exemple suffira ici à prévenir le lecteur ; il s'agit de l'opinion émise par Jane Dieulafoy (et bien souvent reprise par la suite) au sujet des carreaux de céramique de la Mosquée royale d'Isfahan :

« Si les revêtements en carreaux de faïence employés dans les constructions des rois sofis sont peu coûteux et d'une exécution facile, en revanche ils sont bien moins durables que les parements exécutés sous les Seljoucides, et bien moins artistiques que les mosaïques mogoles, composées d'émaux découpés et reliés en grands panneaux[2]. »

2. J. Dieulafoy, p. 293.

Signalons d'abord que le terme de « faïence » est de nos jours considéré comme impropre à décrire ces céramiques, cette appellation étant réservée à un type de pièce réalisée en pâte argileuse et recouverte d'un émail opacifié à l'étain ; les carreaux de céramique safavides sont exécutés avec une pâte siliceuse et recouverts d'un engobe blanc également siliceux (nous reviendrons dans notre troisième partie sur ce point) ; notons que l'appellation de « porcelaine », utilisée par certains voyageurs, est encore plus éloignée de la réalité technique des céramiques iraniennes.

Les carreaux safavides ne sont ni « peu coûteux » ni « d'une exécution facile », mais au contraire le fruit de longues et coûteuses expériences ; je ne vois pas de raison non plus de les considérer comme moins résistants ou moins « artistiques » que ceux des périodes précédentes ; il s'agit là d'un jugement de valeur que nous n'oserions plus émettre de nos jours.

En ce qui concerne les noms propres, une certaine fantaisie est de mise : les « rois sofis » désignent en fait la dynastie des Safavides (1501-1732 ; voir le Tableau chronologique en fin d'ouvrage ; de même pour les Seljoukides (1038-1194) et les Mongols – et non « mogols », 1256-1353).

Les belles photographies qu'Arthur Thévenard a rapportées de ses voyages en Iran montrent bien évidemment les sites tels que l'on peut les voir de nos jours, agités par la vie et par les transformations successives qu'ils ont subies. Parfois, d'habiles et patientes restaurations ont rendu aux monuments un peu de leur splendeur passée. Quelques éléments d'iconographie (miniatures, gravures anciennes) ont cependant paru nécessaires pour donner une vision plus complète de ces sites. Ils apportent, comme certains vers que l'on trouvera éparpillés au gré des pages, une dimension intemporelle et poétique qui paraît inséparable de ce beau domaine.

L'Iran ou la Perse ? C'est en 1925, avec l'avènement de Rezâ Khân Pahlavi, que la Perse a définitivement adopté le nom d'Iran. La Perse, le « pays des Perses », ne désignait au départ que la région du Fârs (où se trouvent Chiraz et Persépolis) ; avec l'unification de l'empire achéménide sous Cyrus (558-528 av. J.-C.), la Perse passa à désigner – surtout aux yeux des étrangers – l'ensemble du plateau iranien. En réalité, ce que l'on entend de nos jours par « monde iranien » est un territoire qui dépasse largement les frontières de l'Iran actuel et englobe volontiers, avec des fluctuations au cours de l'histoire, des régions comme l'ancienne Sogdiane en Asie centrale, l'Afghanistan actuel ou encore la région du Daghestan, par exemple.

Afin d'introduire le sujet, c'est d'abord l'idée même du paradis qui est abordée, en remontant aux récits de la Bible et du Coran – qui sont la référence obligée en ce qui concerne cette notion.

L'eau est le premier élément indispensable à la création d'un de ces complexes palatiaux mêlant l'architecture à une nature domestiquée. Il faut d'abord l'obtenir, notamment par puisage, puis l'acheminer jusqu'à l'endroit souhaité. Elle permet alors la mise en culture des terres fertiles et peut joindre à des fins utilitaires une disposition agréable des espèces.

L'eau devient par la même occasion le principal ornement du jardin, en même temps que ce qui le fait vivre, grâce aux canaux, jets d'eau et bassins qui le ponctuent.

Enfin, elle permet la purification des corps, nécessaire à celle des âmes, et alimente ainsi souvent des établissements de bains situés dans l'enceinte même des jardins.

La brique est le deuxième matériau nécessaire : elle est la base de toute construction dans un pays où la pierre de taille est rare. Le mur, la clôture, serviront d'abord à séparer la nature aride et hostile du jardin préservé. Le mur servira également d'écran pour protéger des regards indiscrets. Puis la brique sera mise en œuvre pour bâtir le cœur du jardin : le pavillon (« kiosque », du persan *kushk*, qui désigne à l'origine un palais). Une fois la demeure construite, les artisans vont se charger de son décor. Parfois, la brique elle-même, joliment appareillée, suffit au décor. Mais on peut avoir envie de plus d'éclat, que l'on peut obtenir en recouvrant les murs de peintures ou de carreaux de céramique, en tapissant les plafonds et les coupoles d'éclats de miroir, et en donnant des couleurs à la lumière grâce à des vitres teintées.

On trouvera en fin d'ouvrage quelques outils pour une meilleure approche de ce domaine : un tableau chronologique pour situer les monuments dans le temps, un glossaire des termes persans utilisés, une bibliographie permettant d'élargir les recherches.

Je voudrais remercier Arthur Thévenart pour ses belles photos, Catherine Laulhère-Vigneau et Marie-Laure Miranda pour leur efficacité, mais surtout mes étudiants, et notamment Éloïse Brac de la Perrière, Jean-Do Brignoli, Marine Fromanger et Mme Habibi pour leur aide et leur soutien dans l'élaboration de cet ouvrage.

« – N'as-tu pas honte, ô Suleïman ? Tu es au paradis et tu blasphèmes !
– Au paradis ?...
Il se frotta les yeux et promena à la ronde un regard étonné.
– Qu'est-ce que... mais où sommes-nous ?
Ses mains s'avançaient en tâtonnant. Il palpa l'oreiller,
toucha craintivement du bout des doigts la peau nue de Fatima.
Devant eux un jet d'eau murmurait. Il se leva comme un somnambule,
s'approcha du bassin et y trempa sa main.
– Ô saint paradis... murmura-t-il. Est-ce bien vrai... je suis vraiment au paradis ? »

V. Bartol, *Alamut*, p. 327.

Introduction

LE PARADIS SUR TERRE

Paradis ! le mot fait rêver ; il provient en fait de l'Iran ancien et désigne à l'origine un endroit clos comme l'est une réserve de chasse royale. L'Iran est un pays de plateaux cerné de hautes montagnes, au climat aride et aux hivers rigoureux. Comment l'idée même du paradis a-t-elle pu germer dans de telles conditions physiques ? Le temps, bien sûr, qu'il a fallu pour apprivoiser un environnement agreste, notamment en captant l'eau des nappes phréatiques par un savant réseau de canaux souterrains. Le pouvoir, ensuite – ce que l'on a, en d'autres temps, appelé le « despotisme oriental » – et qui, par la maîtrise politique et économique de l'eau, a permis de développer non seulement l'agriculture, mais aussi de merveilleux jardins aux noms enchanteurs, des jeux d'eau, des bassins sur lesquels se reflètent les façades de palais ou de mosquées, des hammams propices à la purification et à la sensualité. L'esprit enfin, plusieurs fois millénaire, qui par d'étranges détours peuple la Bible d'anges et de fleuves qui ont nom Tigre et Euphrate, eau miraculeuse, source de vie et de jouvence, quête mystique de l'immortalité, transcendant les époques, les dynasties et les dogmes. En fait, si dans les premiers récits qui nous soient parvenus (remontant au IIIe millénaire) le « jardin » symbolise la terre fertile et le don des dieux, il prend, notamment avec le récit de la Genèse, l'idée d'un lieu originel vers lequel le christianisme et l'Islam ne cesseront d'inviter les croyants à revenir.

Dans la plupart des mythes et religions orientaux, l'idée même du paradis est liée, à l'origine, à l'eau et à la fertilité, qui assurent une nourriture éternelle dans une sorte de « séjour des dieux ». Ainsi, Enki, le dieu de la fertilité sumérien, est-il lui-même un jardinier[3]. Le récit de la Genèse, quant à lui, situe dans « Le » jardin par excellence, l'origine de l'homme :

« Le Seigneur planta un jardin en Éden, à l'orient, et il y plaça l'homme qu'il avait formé. Le Seigneur Dieu fit germer du sol tout arbre d'aspect attrayant et bon à manger, l'arbre de vie au milieu du jardin et l'arbre de la connaissance de ce qui est bon et mauvais. Un fleuve sortait d'Éden pour irriguer le jardin ; de là il se partageait pour former quatre bras. L'un d'eux s'appelait Pishôn : c'est lui qui entoure tout le pays de Hawila où se trouve l'or – et l'or de ce pays est bon – ainsi que le bdellium et la pierre d'onyx. Le deuxième fleuve s'appelait Guihôn ; c'est lui qui entoure le pays de Koush. Le troisième fleuve s'appelait Tigre ; il coule à l'orient d'Assour. Le quatrième fleuve, c'était l'Euphrate[4]. »

« Jardin » est traduit par « paradis » dans la version grecque de la Bible ; on doit en effet aux Grecs ce glissement de sens du terme avestique[5] *pairi-daeza,* qui signifie à l'origine un enclos de chasse royal. Quant à « Éden », c'est un mot hébreu qui désigne une région ou pays non identifié. Curieusement, un homonyme de ce mot signifie « jouissance », d'où l'idée que le jardin d'Éden était le « paradis ». Géographie fantasque que celle du récit de la Genèse, qui mêle des fleuves connus (Tigre et Euphrate) aux deux autres, inconnus. L'aire géographique décrite comme le lieu du paradis comprend Hawila – une région d'Arabie située au sud de la Palestine ; Koush désigne d'ordinaire la Nubie ou l'Éthiopie. Quant au Tigre et à l'Euphrate, ce sont les deux fleuves qui bordent la Mésopotamie, le « Pays entre deux eaux ».

3. Voir Baridon, pp. 26-27.

4. Genèse 2, 8-14.

5. L'avestique est une langue iranienne ancienne (groupe du vieil iranien) dans laquelle sont écrites certaines parties de l'*Avesta*, ensemble de textes sacrés de la religion mazdéenne.

À GAUCHE Hāl-nāma, *Inde, 1603-1604. Bibliothèque nationale, MS. or. Smith-Lesouëf 198, F. 1 (détail).*

Chiraz. Panneau de carreaux du palais Nâranjestân (maison Qavvâm). XIXe siècle.

À l'époque achéménide, le mot « paradis » désigne tout autre chose que le séjour des bienheureux. Quinte-Curce décrit ainsi l'un de ces « paradis » royaux :
« En cette contrée, leur plus grande magnificence ne consiste qu'en des parcs remplis de bêtes sauvages, et, pour cet effet, ils choisissent de grandes forêts arrosées d'eaux, et les ferment de murailles, qu'ils garnissent de tours pour la retraite de veneurs[6]. »

Dans le monde iranien, l'idée du paradis (au sens du séjour céleste) semble, au départ, aussi floue que dans le judaïsme, où le « Séjour des morts » (La Fosse, le Monde d'en bas) n'a évidemment rien d'un « paradis[7]. » Quelques références, chez Isaïe notamment, annoncent la restauration de Jérusalem comme s'il s'agissait d'une nouvelle création et donc d'un retour au Paradis[8]. Ces visions demeurent cependant bien éloignées des descriptions détaillées que fournira plus tard la révélation coranique.

Une série de textes zoroastriens tardifs fait incidemment référence au paradis. Ainsi, le *Livre d'Ardâ Virâz* (VIe siècle de notre ère ?) raconte le voyage dans l'au-delà – au moyen d'un narcotique – d'un homme venu y chercher la confirmation de la véracité de la « Bonne religion » :
« À la troisième aurore, l'âme des justes se promenait parmi les plantes au parfum délicat. Et ce parfum lui parut plus délicat que tous les parfums délicats qui avaient pénétré dans son nez de son vivant, et ce vent et ce parfum venaient de la direction du midi, du côté des dieux. Et sa propre *Dên* [personnification du juste] et ses propres actions sont une forme de jeune fille, belle à voir, bien faite, c'est-à-dire qui a grandi dans la vertu, les seins en avant, c'est-à-dire dont les seins se tiennent, aimable au cœur et à l'âme, c'est-à-dire dont la forme est si lumineuse qu'elle est très attirante à voir, c'est-à-dire très désirable à contempler[9]. »

Comme on le voit, le « paradis » est essentiellement évoqué comme une région particulièrement lumineuse et parfumée ; elle est peuplée de créatures angéliques aux belles formes, qui sont en fait l'idéalisation des bonnes actions. Curieusement, ces « créatures aux belles formes » seront retenues plus tard dans la révélation coranique, sous une forme qui ne semble avoir aucun rapport avec l'hypostase de bonnes actions, mais, plus simplement, comme la récompense de celles-ci.

Dans la religion manichéenne, qui vit le jour au IIIe siècle de notre ère sous la domination des Sassanides, le concept eschatologique est bien plus abstrait, puisque le but de l'homme pur et juste est tout bonnement de rejoindre la lumière éternelle.

Un texte poétique zoroastrien tardif (*La décision de l'esprit sage*) décrit les contrées fantastiques où habitent les oiseaux Senmurv et Sinamroch, qui assurent la fertilité des terres :
« Le nid du Senmurv se trouve sur l'arbre béni aux semences abondantes. Chaque fois qu'il s'envole, des milliers de graines tombent de l'arbre, et quand il s'y perche, il brise mille branches d'où s'échappent toutes les graines. Et l'oiseau Sinamroch est perché à proximité, et il ramasse toutes ces semences et les emmène là où Tishtar (l'étoile Sirius, dieu de la pluie) attire les eaux vers soi. Et quand Tishtar a attiré vers soi les eaux en même temps que les semences de tous les genres de plantes, il les déverse sur la terre avec la pluie. Et ces graines donnent naissance aux plantes de ce monde, et ces plantes sont un bienfait pour l'homme[10]. »

Très fortement imprégnée de la conception chrétienne du « Royaume des cieux », réservé aux âmes pures et aux bienheureux, la révélation coranique se fait beaucoup plus

---

6. Quinte-Curce, *Vie d'Alexandre*, p. 281.

7. Sur ces différents termes dans la Bible, voir par ex. Éz 31.14 et 32.19-30 ; Jb 3. 13-19 ; Pr 1.12 et 5.5 ; Ps 6.6 et 16.10.
8. Isaïe, 11, 6 et surtout 65, 15-25.

9. Traduit par Ph. Gignoux, *Littérature d'étranges pays : Iran,* Paris, 1973, p. 11.

10. Cité par Loukonine et Ivanov, *L'Art persan*, pp. 99-100.

explicite dans la description de la géographie paradisiaque ; elle donne de ces lieux la notion d'un espace clos, naturellement hors du monde, arrosé d'eau, rempli de nourriture abondante, et peuplé de belles personnes toutes dévouées à satisfaire le croyant :
« Annonce à ceux qui croient et qui pratiquent les bonnes œuvres, qu'ils auront pour demeure des jardins arrosés de courants d'eau. Toutes les fois qu'ils recevront des fruits de ces jardins, ils s'écrieront : Voilà les fruits dont nous nous nourrissions autrefois ; mais ils n'en auront que l'apparence. Là, ils trouveront des femmes exemptes de toute souillure, et ils y demeureront éternellement[11]. »

11. Coran, II, 23.

Ici se mélangent à la fertilité des terres, l'apparente reconnaissance de fruits familiers et les « femmes exemptes de toute souillure », qui semblent héritées de la *Dên* zoroastrienne. Plus loin, le Coran précise la nature des Quatre Fleuves :
« Voici le tableau du paradis qui a été promis aux hommes pieux : des fleuves d'eau qui ne se gâte jamais, des fleuves de lait dont le goût ne s'altérera jamais, des fleuves de vin doux à boire, des fleuves de miel pur, toute sorte de fruits, et le pardon des péchés[12]. »

12. Coran, XLVII, 16-17.

D'autres passages répètent et amplifient ces premières descriptions avec une verve tout poétique :
« Les justes boiront des coupes où Kafour sera mêlé au vin. Fontaine où se désaltéreront les serviteurs de Dieu, et dont ils conduiront les eaux où ils voudront (…) Pour le prix de leur constance, il leur a donné le paradis et des vêtements de soie. Ils s'y reposent accoudés sur les divans ; ils n'éprouveront ni la chaleur du soleil, ni les rigueurs du froid. Des arbres avoisinants les couvriront de leur ombrage, et leurs fruits s'abaisseront pour être cueillis sans peine. On fera circuler parmi eux des vases d'argent et des coupes en cristal, en cristal semblable à l'argent, et qu'ils feront remplir à leur gré. Ils s'y désaltéreront avec des coupes remplies de boisson mêlée de gingembre, dans une fontaine nommée Selsebil. Ils seront servis à la ronde par des enfants d'une éternelle jeunesse ; en les voyant, tu les prendrais pour des perles défilées. Si tu voyais cela, tu verrais un séjour de délices et un royaume étendu. Ils seront revêtus d'habits de satin vert et de brocart, ornés de bracelets d'argent. Leur Seigneur leur fera boire une boisson pure. Telle sera votre récompense. On vous tiendra compte de vos efforts[13]. »

13. Coran, LXXVI, 5-6 et 12-22 ; pour d'autres mentions du paradis dans le Coran, voir notamment LXXVII, 41-43 et LXXVIII, 31-35, LXXXIII, 22-28, LXXXVIII, 10.

14. La secte ismaélienne des Assassins devint, sous l'égide de Hassan ibn Sabbah une véritable dynastie, qui régna de c. 1090 jusqu'à l'invasion mongole en 1256 ; voir E. C. Bosworth, *Islamic dynasties*, pp. 127-128.

Cette vision du paradis, bien humaine en fin de compte, semble prendre pour modèle des réalités bien terrestres, et notamment les palais des rois de Perse. Le vieux rusé de Hasan ibn Sabah, dit le « Vieux de la Montagne » (chef de la secte ismaélienne des « Assassins[14] ») ne s'y est pas trompé, lui qui promettait à ses sbires le « paradis sur terre ». Marco Polo raconte à son propos :
« Il habitait une très noble vallée entre deux très hautes montagnes ; il y avait fait faire le plus vaste et superbe jardin qui jamais fut vu. Il y a abondance de toutes les bonnes plantes, fleurs et fruits du monde et des arbres qu'il a pu trouver. Il fit faire les plus belles maisons et les plus beaux palais qui onques furent vus, car ils étaient tout dorés et décorés de toutes les belles choses du monde, et les tentures étaient toutes de soie… Le Vieux donnait à entendre à ses hommes que ce jardin était le Paradis ; il l'avait fait en telle manière qu'en son temps Mahomet fit entendre aux Sarrazins qu'iraient en Paradis ceux qui feraient sa volonté… C'est pourquoi les Sarrazins de ce pays croyaient fermement que ce jardin fût le Paradis[15]. »

15. Marco Polo, *Le Devisement du monde*, pp. 103-104.

Ainsi, la boucle est bouclée : Adam et Ève étaient les habitants du paradis sur terre, dont ils ont été chassés ; le Vieux de la Montagne, bien au fait des faiblesses humaines, sait ce qui fait rêver ses hommes et leur assure un séjour dans ce même jardin d'Éden ! Pour réaliser ses rêves, il dispose de tout l'arsenal d'artifices patiemment mis au point par des siècles d'invention qui ont permis de trouver l'eau, de l'acheminer, d'en disposer artistement en la mêlant aux espèces embaumées, aux arbres ombrageux et chargés de fruits ; il y a également des kiosques aux vitraux de couleur, aux murs couverts d'arabesques d'azur et d'or, aux fontaines de marbre qui gazouillent, le tout maintenu à l'écart des regards extérieurs par une muraille infranchissable. Un vers inscrit sur les murs d'un palais mogol – au Divân des audiences privées du Fort Rouge de Delhi (XVIIe s.) – ne déclare-t-il pas :

« S'il existe un paradis sur terre, c'est celui-là, c'est celui-là, c'est celui-là ! »

DOUBLE PAGE SUIVANTE Isfahan. Le Si-o-se pol, « Pont aux 33 arches » sur le lit du Zâyende-Rud asséché.

L'EAU

CAPTATION ET DISTRIBUTION DE L'EAU
LE HAMMAM
LE JARDIN NATUREL

« Nous versons l'eau par ondées ;
nous fendons la terre par fissures, et nous faisons sortir le grain,
la vigne et le trèfle, l'olivier et le palmier, les jardins aux arbres touffus,
les fruits et les herbes qui servent à vous et à vos troupeaux. »

Coran LXXX, 25-32.

Chapitre 1

L'EAU

Le plateau iranien est situé entre deux chaînes de montagnes, l'Elbourz au nord et le Zagros à l'ouest, qui séparent ce plateau du golfe Persique et de la Mésopotamie. Du fait de leur altitude, ces chaînes montagneuses empêchent les systèmes nuageux de se déverser sur les plateaux et entraînent donc une certaine aridité du climat. Le système hydrographique fluvial ne répond que de manière très incomplète aux besoins en eau potable. Les nappes phréatiques, en revanche, sont assez abondantes et permettent, par captation, une importante utilisation de l'eau. Plusieurs procédés ont été mis en œuvre pour capter et acheminer l'eau. Le plus simple est le forage d'un puits, dont on peut tirer l'eau soit avec des procédés manuels, soit avec des procédés mécaniques, comme la roue à godets. Pour acheminer l'eau depuis son point de captation jusqu'à sa destination, on s'est rapidement aperçu que les canaux aériens provoquaient une perte très importante d'eau par évaporation ; pour remédier à cet inconvénient, les Iraniens ont mis au point – et c'est attesté au moins depuis l'époque de Darius Ier – une technique souterraine d'acheminement de l'eau : le *qanât* (également appelé *kârez*).

Chardin distingue « quatre sortes d'eau » en Perse : « On distingue en Perse quatre sortes d'eau, deux sur terre, qui sont celles de rivière et celles de source, et deux sous terre, savoir, celles des puits et celles des conduits souterrains, qu'ils appellent *kerises* (*kârez*) [16]. »

La captation de l'eau n'est que la première étape d'un long processus : il faut ensuite la distribuer. Jusqu'à une date récente, on a pensé que le contrôle des eaux par l'État était à l'origine de ce que l'on a appelé le « despotisme oriental »[17]. Or, l'étude des textes a montré que bien souvent, l'administration locale des sources d'eau en Iran, au niveau d'un village ou d'un groupe de villages, était hors de contrôle du pouvoir central[18].

16. Chardin IV, p. 96.

17. Karl Wittfogel, *Le Despotisme oriental*.

18. Parviz Mohebbi, *Techniques et ressources en Iran,* Téhéran, 1996, p. 84.

CAPTATION ET DISTRIBUTION DE L'EAU

Les puits et les *qanât*

C'est sans doute à des mineurs de la Haute Antiquité, Akkadiens ou Ourartéens, que revient l'invention d'un procédé de captation et d'acheminement de l'eau tout à fait ingénieux : le *qanât*. En effet, alors que ces mineurs procédaient, dans des régions de piémont, aux percements de puits et de galeries à la recherche de minerais, ils se sont aperçus que l'eau des nappes phréatiques avait tendance à s'écouler dans les galeries, provoquant éventuellement des éboulements. On a sans doute d'abord pensé à une simple évacuation de l'eau des mines ; puis, on s'est rendu compte du bénéfice que cette eau providentielle pouvait apporter à une population agricole, à des fins d'irrigation.

Un *qanât* est formé par une succession de puits verticaux forés dans un piémont, régulièrement espacés, réunis par une galerie souterraine qui suit la déclivité du terrain, et qui affleure en s'approchant de la plaine.

Lorsque Jane Dieulafoy a parcouru la Perse, à la fin du XIXe siècle, les *qanâts* étaient toujours la principale source d'approvisionnement en eau dans les grandes villes du plateau. Avec un ton un peu paternaliste qui lui permet de qualifier les Iraniens de « nonchalants », cette « amazone en Orient » écrit : « Les hauts plateaux de la Perse,

PAGE PRÉCÉDENTE Kâshân. Jardin de Fîn ; le shâh-neshin de Mohammad Shâh Qâjâr.
À GAUCHE Vue aérienne d'un piémont dans la région d'Isfahan ; en bas, à droite, on peut observer les puits d'un qanât.

naturellement secs et arides, ne seraient propres à aucune culture si les habitants n'allaient chercher dans le voisinage des chaînes de montagnes des eaux souterraines, et ne les amenaient au niveau du sol au moyen de longues galeries creusées en tunnel. Ces conduits, nommés *kanots*, ne sont ni maçonnés ni blindés ; leur pente est ménagée avec le plus grand soin, et cependant leur longueur atteint souvent de trente à quarante kilomètres, et leur profondeur à l'origine plus de cent mètres.

La prospérité, la vie même de la Perse dépend du nombre et du bon entretien des galeries souterraines. La construction d'un nouveau *kanot* assure la fertilité des terres irrigables, au centre desquelles s'élève aussitôt un village. L'oblitération d'un conduit entraîne au contraire l'abandon immédiat des plaines desséchées. Aussi les Persans, quoique nonchalants et portés à laisser périr faute d'entretien les travaux d'utilité publique, apportent-ils un soin extrême à conserver leurs *kanots* en bon état.[19] »

19. J. Dieulafoy, p. 42.

Plus récemment, le géographe H. Goblot, spécialiste de la question, notait : « Vers 1950, il existait 40 000 *qanâts* répartis sur tout le plateau, produisant 600 000 litres/seconde. Leur longueur devait être au total de 400 000 kilomètres, une fois et demie la distance de la terre à la lune[20]. »

20. Goblot, 1976, pp. 4-5.

Les *qanâts* peuvent mesurer parfois plus d'une centaine de kilomètres ; un des *qanâts* de Yazd couvre 120 kilomètres depuis son puits-mère (mesurant 116 mètres de profondeur) jusqu'à sa bouche. La ville de Qom comptait encore, en 1969, plus de 600 *qanâts*, dont une majorité en activité ; ceux-ci étaient de faible longueur (entre 1 et 10 kilomètres).

Grâce à l'eau captée par ces ingénieux systèmes, et moyennant une distribution minutieuse de l'eau, les terres peuvent être irriguées, pour l'agriculture d'abord, puis pour l'agrément.

« Pour ce qui est de la distribution de l'eau des rivières et des sources, on la fait par semaine ou par mois, selon le besoin, en cette manière : on met sur le canal qui conduit l'eau dans le champ une tasse de cuivre, ronde, fort mince, percée d'un petit trou au centre, par où l'eau entre peu à peu ; et lorsque la tasse va au fond, la mesure est pleine, et on recommence, jusqu'à ce que la quantité d'eau convenue soit entrée dans le champ. La tasse met d'ordinaire entre deux et trois heures à s'enfoncer (…) Les jardins paient tant par an pour avoir de l'eau tant de fois par mois ; l'eau ne manque point d'être envoyée au jour nommé, et alors chacun ouvre le canal de son jardin, pour y recevoir l'eau (…) Pour mieux entendre cette distribution d'eau, il faut savoir que chaque province a un officier établi sur les eaux de la province, qu'on appelle *mirab* [*mir-âb*], c'est-à-dire *prince de l'eau,* qui règle cette distribution partout[21]. »

21. Chardin IV, pp. 98-100.

Dans les zones subtropicales arides, l'adduction d'eau est indispensable à la création d'un jardin. L'étude de l'irrigation et des techniques d'adduction est donc nécessaire pour connaître le contexte dans lequel les jardins peuvent s'épanouir. En effet, les possibilités d'irrigation et la complexité architecturale sont soumises au degré d'élaboration et de technicité des méthodes utilisées. Par ailleurs, du point de vue de l'archéologie, c'est surtout grâce aux ouvrages hydrauliques et aux constructions telles que pavillons, terrasses, canaux et bassins, que l'on peut tenter de reconstituer le site d'un jardin.

Qanât *dans la plaine, aux environs de Meybod (Yazd).*

Élévation de l'eau

L'eau peut être puisée sur place, dans un puits, au débouché d'un *qanât* ou dans une retenue d'eau, par des systèmes d'élévation, ou amenée de loin par des canaux ou des aqueducs. Dans le premier cas, le point de départ pour la construction du jardin peut être le creusement d'un puits, la canalisation et l'élévation de l'eau d'une source, d'une rivière ou d'une retenue. Plusieurs méthodes d'élévation sont possibles. La plus rudimentaire est évidemment l'élévation manuelle, au seau ; un stade plus avancé est l'élévation par traction animale : un seau de grande taille est descendu sur une poulie, et remonté par une bête de trait ; c'est le procédé appelé *gâvchâh*, ainsi décrit par Chardin : « Outre l'eau des fleuves et des canaux, ils ont celle des puits presque par tout le royaume. On en tire l'eau, avec des bœufs, dans de gros seaux de cuir, qui tiennent d'ordinaire le poids de deux cent cinquante livres. Ce seau a une gorge en bas de deux ou trois pieds de long et d'un demi-pied de diamètre, qu'une corde repliée vers le haut du puits tient toujours élevée, pour empêcher l'eau de sortir par le bout. Le bœuf tire ce seau par une grosse corde, qui tourne sur une roue pleine de trois pieds de diamètre, attachée au haut du puits comme une poulie, et l'amène à un bassin joignant, où il se vide par cette gorge, et d'où l'eau est distribuée ensuite dans les terres[22]. »

Le système d'élévation d'eau au moyen d'une roue a subi au moins trois stades de perfectionnement. Le premier, connu depuis l'Antiquité, est la noria, qui élève l'eau d'un faible niveau (cours d'eau) à l'aide d'une roue à godets actionnée par traction animale. La « roue persane » (*sâqiya*) fonctionne comme la noria, mais au lieu de présenter des godets uniquement sur le pourtour de la roue, elle possède une chaîne de godets qui peuvent descendre dans un puits. La roue est reliée par un axe souterrain à un tambour à engrenage actionné par une bête de trait. Cette méthode est encore largement répandue de nos jours en Iran[23].

Le dernier stade de cette évolution consiste à élever la chaîne de godets et le tambour de l'engrenage bien au-dessus des bêtes de trait. Cela permet de faire couler l'eau d'une hauteur de plusieurs mètres au-dessus du niveau du sol ; l'écoulement sur une grande distance en est ainsi facilité. L'eau se déverse par un réseau de canalisations et de réservoirs vers les parterres et, éventuellement, vers un hammam.

22. Chardin, II, p. 73.

23. Sur les systèmes d'élévation d'eau, voir P. Mohebbi, pp. 97-112.

Barrages et ponts

L'Iran compte encore de nos jours quelques ponts dont la fondation remonte à l'époque sassanide ; on les trouve notamment dans la région de Susiane, à Shushtar et à Dezful. Certains de ces ponts sont conçus non seulement comme des voies de passage, mais aussi comme des barrages susceptibles de distribuer l'eau grâce à des systèmes de vannes et de canaux. Ces derniers peuvent alimenter aussi bien l'agriculture que des moulins.

La ville de Dezful est sans doute une fondation sassanide ; elle a acquis une certaine notoriété dans l'Orient ancien en raison d'importants travaux hydrauliques effectués grâce à des milliers de prisonniers romains capturés après leur défaite à Édesse, au IIIe siècle de notre ère.

« En 260 de notre ère, l'empereur romain Valérien fut fait prisonnier par son adversaire iranien, le Sassanide Châpour Ier, avec une armée de 70 000 hommes, qui comportait naturellement son corps de génie, c'est-à-dire d'ingénieurs... Ayant étendu, à la suite de cette victoire, son empire dans les plaines de l'ouest des monts Zagros, le monarque perse fit construire par les prisonniers des routes impériales qui devaient traverser des rivières descendant des montagnes par trois immenses ponts, à Païpol, à Chouchtar et à Dezful, dont la longueur dépassait 500 mètres... Mais la collaboration des ingénieurs iraniens se manifesta par une modification capitale que l'on ne trouve nulle part dans les ouvrages similaires édifiés auparavant par des Romains : ces ponts devinrent des « ponts-barrages à vannes mobiles », permettant de diriger une partie importante du débit des rivières, par des canaux appropriés, vers les plaines situées en aval, et jusqu'alors impropres à l'agriculture, n'étant arrosées que par de très rares pluies très insuffisantes[24]. »

24. H. Goblot, 1976, pp. 5-6.

L'ouvrage principal de la ville de Dezful était un pont-barrage composé de 22 arches reliées par une chaussée de 500 mètres ; à proximité de ce barrage se trouvaient encore il y a peu les restes d'une quarantaine de moulins actionnés par l'eau de canaux de dérivation captés sur le barrage et essentiellement utilisés pour moudre le grain des cultures environnantes.

CI-DESSUS ET À GAUCHE *Le Pol-e Khwâju, d'après Pascal Coste, 1867.*

Isfahan. Le Si-o-se pol ou « Pont aux 33 arches » ; au niveau supérieur, la galerie piétonne, XVIIe siècle.
PAGES PRÉCÉDENTES *Isfahan. Le Pol-e Khwâju, vu en aval, XVIIe siècle.*

Isfahan. Le Si-o-se pol (également nommé pont Allâh verdi Khân), sur le Zâyende-Rud.

De même, la ville de Shushtar possède un pont-barrage romano-sassanide dont il subsiste quelques arches (28 d'un côté de la rivière et 7 de l'autre) ; celles-ci formaient une chaussée de 550 mètres de long en travers du lit de la rivière et permettaient l'irrigation des campagnes environnantes grâce à des canaux creusés dans la falaise. Voici ce qu'en écrit le voyageur Ibn Battuta au XIVᵉ siècle :

« Le fleuve Bleu [le Karun] fait le tour de Toster [Shushtar]. C'est un fleuve admirable, extrêmement limpide et très froid pendant le temps des chaleurs. Je n'ai pas vu d'autre rivière dont les eaux soient aussi bleues, si ce n'est celle de Balakhchân [Badakhshân] (…) Sur les deux rives de celui-ci se trouvent des vergers et des roues hydrauliques, et la rivière est profonde (…) La remarque suivante appartient à Ibn Djozay : " C'est au sujet de ce fleuve qu'un poète a dit :

Regarde le barrage de Toster et admire la manière dont il réunit les eaux,
Afin d'arroser abondamment la contrée environnante.
Il ressemble au roi d'un peuple dont les tributs ont été recueillis
Et qui les partage aussitôt entre ses soldats[25] ". »

25. Ibn Battuta, *Voyages,* I, pp. 385-386.

Plus récents, d'autres ponts-barrages ont été bâtis à l'époque safavide, dont l'un des plus beaux exemples est le Pol-e Khwâju à Isfahan. Cet ouvrage remarquable fut construit sous Shâh 'Abbâs II en 1650 pour remplacer un ancien pont dont il ne subsiste aucune trace. D'étroites voies pédestres en galerie bordent de part et d'autre la voie centrale, plus large ; les arcs de ces galeries dépassent à peine la hauteur d'un homme, de façon à empêcher les cavaliers d'en faire usage. Les deux côtés du pont sont ainsi ouverts sur la rivière à la promenade ; les galeries sont interrompues à mi-distance par des pavillons en demi-octogone, qui sont repris aux deux extrémités du pont. Du côté de l'aval et au ras de l'eau, des contreforts en escalier sont traversés par une galerie voûtée qui permet également la promenade ; mais cette construction particulièrement agréable a également une fonction utilitaire, puisque l'espace entre les contreforts peut être fermé, de façon à détourner une partie du flot et à le diriger par des canalisations vers des espaces à irriguer.

Le Si-o-se pol ou « Pont aux 33 arches », construit par ordre d'Allâhverdi Khân – général de Shâh 'Abbâs Iᵉʳ – mesure 13,75 mètres de large et 295 de long ; à chaque arcature du niveau inférieur correspondent deux arcades au niveau supérieur, une troisième étant située au-dessus des piles. Comme au Pol-e Khwâju, le passage des piétons se fait par les galeries latérales qui surplombent la rivière. Ce pont relie le complexe de jardins et de palais du Chahâr-bâgh aux faubourgs sud de la ville et au complexe palatial de 'Abbâsâbâd.

« C'est un pont magnifique », écrit Loti, « et singulier qui nous donne accès à la ville ; il date de Chah-Abbas, comme tout le luxe d'Ispahan (…) En même temps que nous, une caravane fait son entrée, une très longue caravane, qui arrive des déserts de l'Est et dont les chameaux sont tous coiffés de plumets barbares. Des deux côtés de la voie qui occupe le milieu du pont, des passages, pour les gens à pied, s'abritent sous de gracieuse arcades ornées de faïences, et ressemblent à des cloîtres gothiques[26]. »

26. Pierre Loti, *Vers Ispahan,* p. 191.

Isfahan. Pavillon du Pol-e Khwâju.

Citernes et glacières

L'architecture traditionnelle iranienne possède un certain nombre de réalisations dont l'ingéniosité rivalise avec la beauté des formes. Parmi celles-ci, les citernes et les glacières offrent de merveilleux exemples de l'habileté déployée par les habitants des zones continentales arides pour conserver l'eau et la glace dans les meilleures conditions. Certaines de ces citernes sont encore en usage de nos jours ; le plus souvent, elles se présentent sous la forme d'un puits circulaire profond, d'à peu près cinq mètres de diamètre, qui est protégé de l'évaporation et de la poussière par un dôme. L'accès à l'intérieur se fait au moyen d'un passage incliné doté de marches, qui s'enfonce sous terre vers la base ; ce « couloir » est précédé d'un porche voûté. En outre, des *bâd-gir* ou « capteurs de vent » sont souvent rajoutés à la construction et permettent de rafraîchir l'endroit ; de ce fait, la plupart du temps on reconnaît la silhouette d'une citerne au dôme émergeant de terre flanqué par deux *bâd-gir* ou plus. Ce système des *bâd-gir* est également utilisé pour la construction des maisons, et constitue une sorte d'« air conditionné » naturel (voir *sardâb*).

Jane Dieulafoy mentionne les réservoirs croisés sur la route, et décrit avec plus de détails l'un d'eux, situé dans la ville de Qazvin :

« Plusieurs de ces ouvrages [*âb-anbâr*] se présentent sur notre route, et devant chacun d'eux la caravane fait une halte afin de permettre aux *pialehs* (coupes) des *tcharvadars* [chefs de caravane] de circuler de main en main, à la grande satisfaction des voyageurs, fort altérés par les rayons de ce premier soleil de printemps

Quelques réservoirs peuvent contenir plus de six mille mètres cubes. Ils sont établis sur un plan carré et couverts de coupoles hémisphériques posées sur pendentifs ; cette partie de la construction émerge seule au-dessus du sol et donne à la ville l'aspect étrange qui nous a frappés quand elle nous est apparue. Ainsi conservée, l'eau garde, même au cœur de l'été, une fraîcheur délicieuse. Un large escalier précédé d'une porte ornée de mosaïques de faïence d'un goût charmant conduit jusqu'aux robinets placés au bas du réservoir, à quinze ou vingt mètres de profondeur. Des bancs de pierre établis sous l'ogive principale, et des niches prises dans la largeur des pilastres permettent aux passants de s'asseoir, aux porteurs d'eau de se reposer et de décharger les lourdes cruches de terre qui viennent d'être péniblement montées. Souvent, au-dessus de l'ouverture de l'escalier, une inscription en mosaïque donne la date de l'érection de l'*abambar* et le nom du généreux donateur de l'édifice[27]. »

La construction des glacières suit un peu le même principe, avec un puits moins profond et plus large, creusé en entonnoir. Aux abords d'une glacière on trouve souvent un canal dont les mesures sont approximativement de cent mètres de long, dix de large et quarante à cinquante centimètres de profondeur ; ce canal est maintenu à l'ombre grâce à un mur d'une douzaine de mètres de hauteur, parfois construit en arc de cercle, qui fait office d'écran. De l'eau est amenée dans ce long canal ombragé lors de la première nuit de gelée de façon à remplir juste quelques centimètres de la hauteur du canal ; au matin, cette eau est gelée. La nuit suivante, on répète l'opération en rajoutant quelques centimètres à l'eau déjà gelée, et ainsi de suite jusqu'à ce que le canal soit rempli de glace. On découpe alors des plaques de glace que l'on dépose à l'intérieur de la glacière voûtée. Si la région dispose de neige à proximité, elle est rajoutée à la glace et tassée dans la glacière. Lors de la saison chaude, cette glace permet évidemment de rafraîchir des boissons, mais aussi de confectionner toute une série de sorbets et de glaces, parfumées à la grenade ou à la rose, dont la réputation est légendaire.

27. J. Dieulafoy, pp. 100-101.

À GAUCHE
HAUT Yazd. Âb-anbâr *avec ses quatre* bâd-gir.
BAS Kermân. Glacière (*yakhtchâl*).

L'infatigable Jane Dieulafoy nous transmet, une fois de plus, ses commentaires à ce sujet : « Avant de retourner au consulat [de France à Tabriz], nous passons auprès d'un grand nombre de glacières dans lesquelles se congèle pendant la saison froide la glace vendue l'été au bazar. La fabrication est simple et peu coûteuse. Dans un bassin exposé au nord et abrité des vents du sud par un mur de terre, on amène le soir l'eau d'un ruisseau voisin. Elle se congèle pendant la nuit, et, le matin venu, la couche de glace, brisée, est emmagasinée dans des caves ou *yakhtchal*, recouvertes de coupoles de briques crues, dans lesquelles elle se conserve jusqu'à la fin de l'été. Bien que le prix de cette glace soit très modique, chaque *yakhtchal* rapporte à son propriétaire de cent à cent vingt tomans [à l'époque, l'équivalent de 9 francs 60 ; n.d.a.] [28]. »

28. J. Dieulafoy, p.55.

Le bassin, la fontaine

Le bassin est à la fois une réserve d'eau – parfois un vivier – et un élément important du décor des jardins et des cours. Miroir d'eau, il reflète les façades, comme au palais de Chehel Sotun, les « Quarante colonnes » qui ne sont en réalité que vingt. Ce miroir est à l'image de bien des symboles utilisés dans le monde iranien ; si d'un côté il reflète le ciel ou les arbres qui l'entourent, il renvoie en même temps l'idée d'un monde d'apparences dans lequel il faut rechercher les sens cachés. Le poète 'Attâr dit ainsi : « Si tu vois un reflet dans le miroir, est-ce voir véritablement ton visage[29] ? »

29. 'Attâr, *Livre divin*, p. 407.

Les poètes ont d'ailleurs longuement décrit l'eau des bassins et des étangs ; l'un compare les nénuphars d'un étang à des turquoises posées sur un miroir. Parfois, les mouvements de l'eau sont décrits comme pareils aux ondulations d'une chevelure, ou à une cotte de mailles. Le miroir d'eau est semblable au vif argent ; c'est la raison pour laquelle l'eau est souvent représentée avec de l'argent métal dans les peintures persanes.

Les bassins sont présents à la fois dans les jardins royaux et dans les habitations plus rudimentaires. Chardin les décrit ainsi :
« Dans toutes les maisons, même jusqu'aux plus simples, il y a des bassins d'eau, dont la construction est fort solide, faite avec des briques, qu'ils enduisent d'un ciment appelé *ahacsia* (*âhak-e siyâh*), c'est-à-dire *chaux noire*, lequel, avec le temps, devient plus dur que le marbre. Ils font ce ciment avec de la cendre tirée des foyers des bains, et plus fine que toute autre, avec de la chaux vive par moitié, et avec une manière de duvet, qu'ils y mêlent pour faire un amalgame ; ce qu'ils battent bien un jour entier. Ce duvet croît au haut de certains roseaux ; et il est si délié, que le souffle l'emporte… Il faut entendre cela des bassins d'eau qui sont dans les maisons du commun ; car, dans les grandes maisons, les bassins sont de pierres de taille fort dures, avec les bords de marbre blanc[30]. »

30. Chardin, IV, pp. 121-122.

Certains bassins atteignent parfois de très grandes proportions, de telle sorte que l'on peut y canoter, comme sur le Grand Canal de Versailles. Chardin nous a laissé une étonnante description de l'un de ces grands bassins royaux. « Les Persans appellent " mer royale ", les étangs, et les bassins d'eau qui sont d'une grandeur extraordinaire, comme est celui-ci, qu'on voit couvert de toute sorte d'oiseaux de rivière, et au milieu duquel on voit un parterre vert, d'environ trente pieds de diamètre, à six pouces seulement au-dessus de l'eau, entouré d'un balustre doré. Les bords de l'étang, à la largeur de quatre toises tout autour, sont couverts de grands carreaux de marbre. On y voit un petit bateau attaché qui est garni d'écarlate en dedans, pour se promener sur l'étang, et pour aller au parterre[31]. »

31. Chardin, II, pp. 35-36.

À DROITE *Chiraz. Cour et bassin du Sarây-e Moshir.*
DOUBLE PAGE SUIVANTE *Chiraz. Bassin du Sarây-e Moshir.*

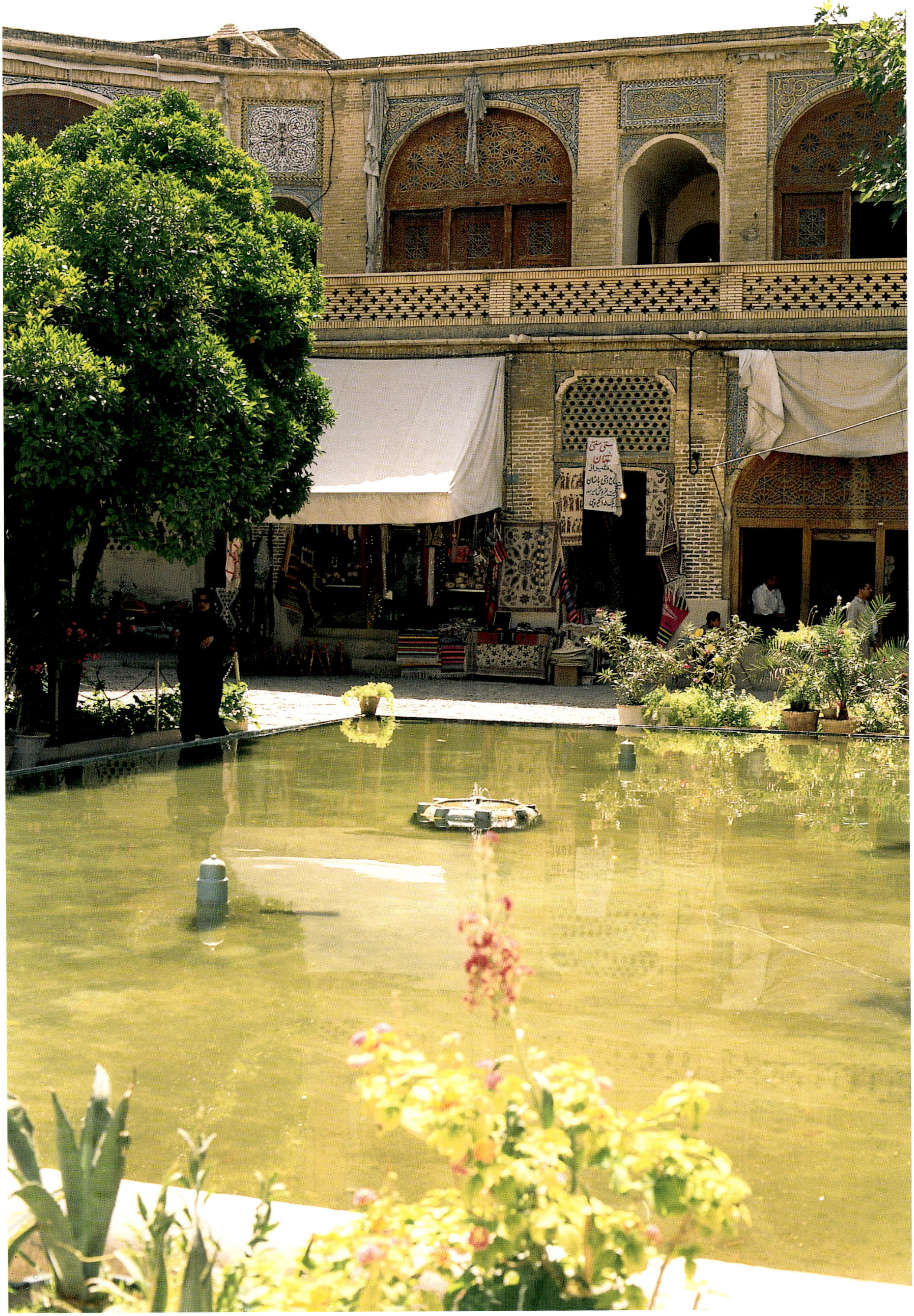

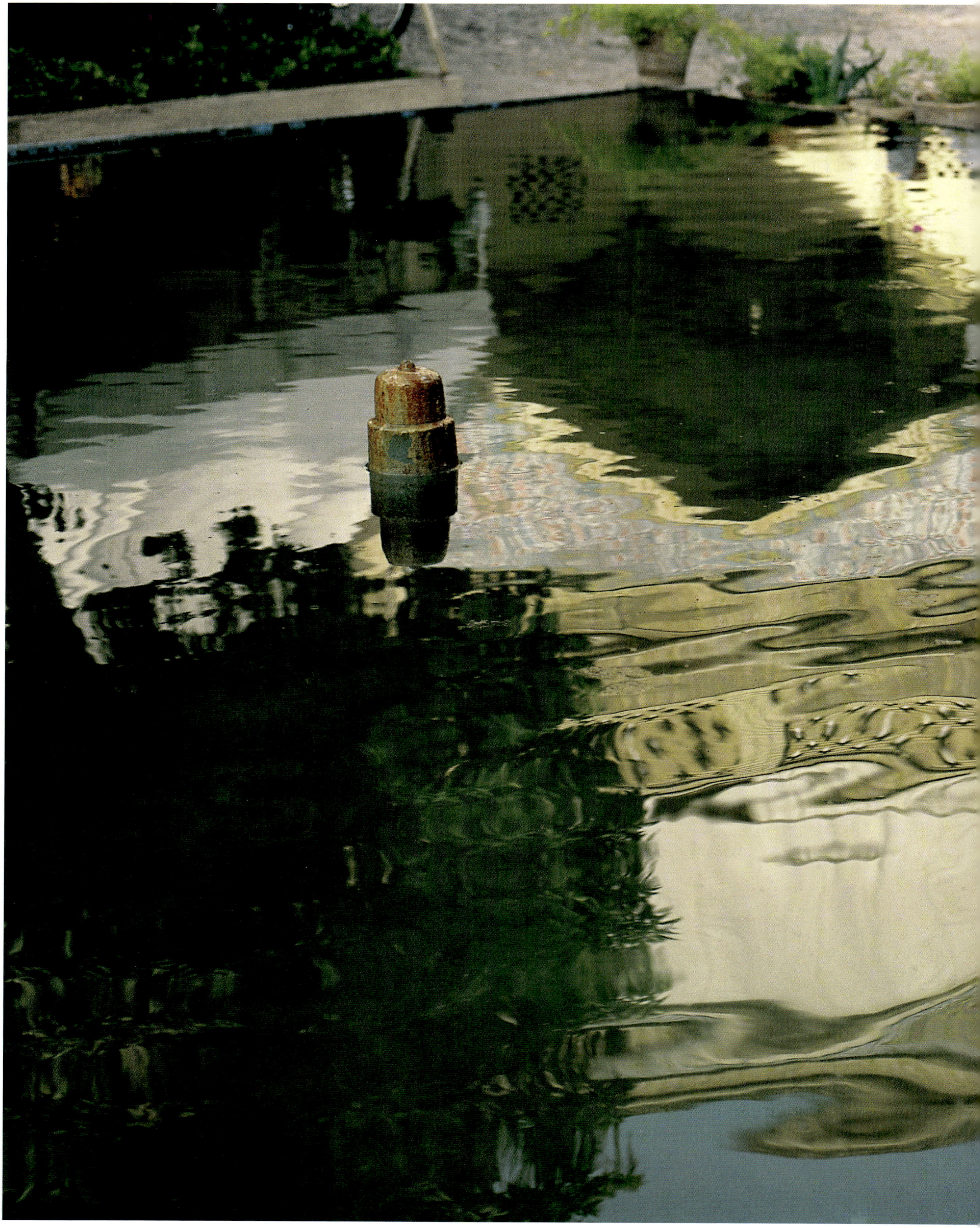

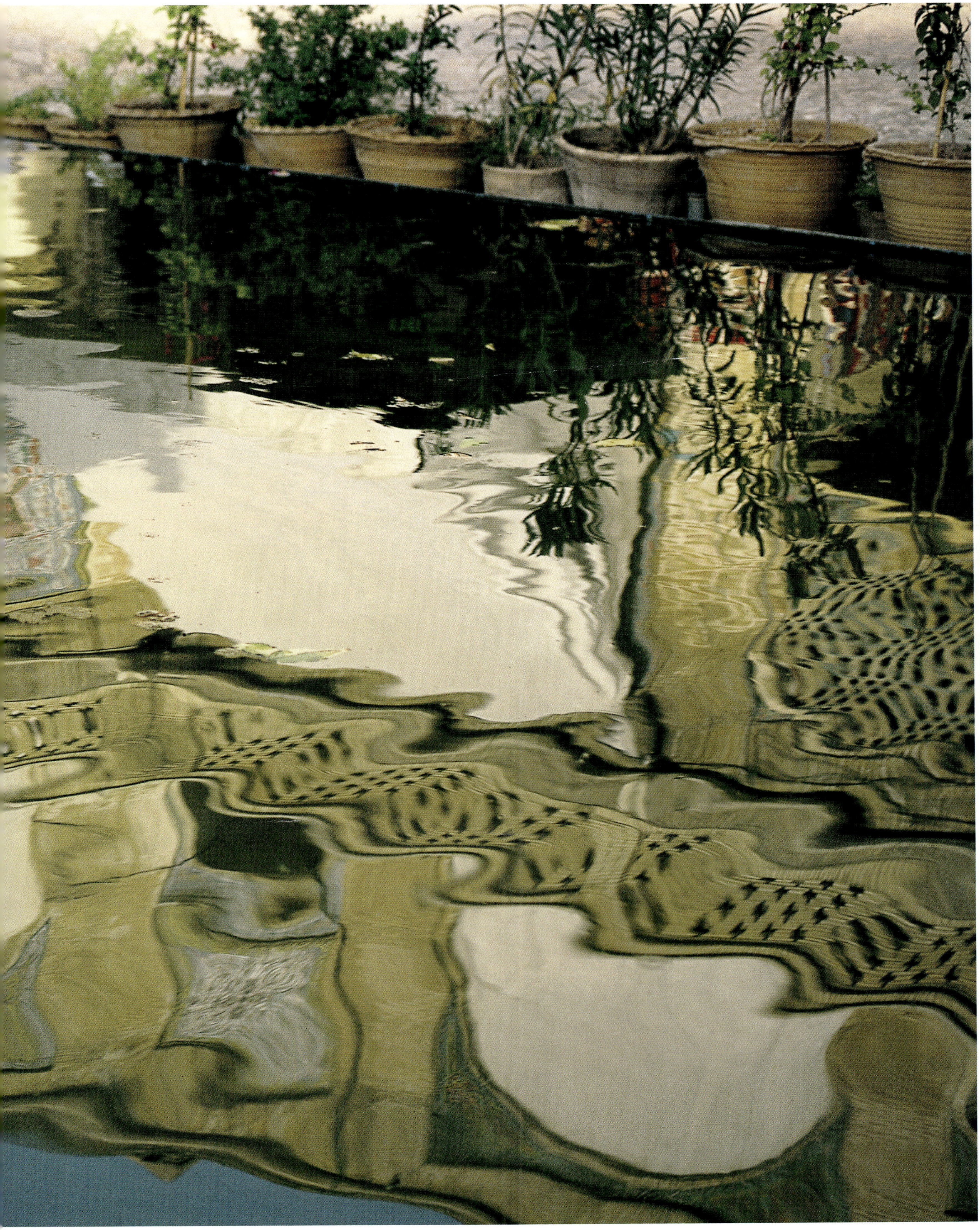

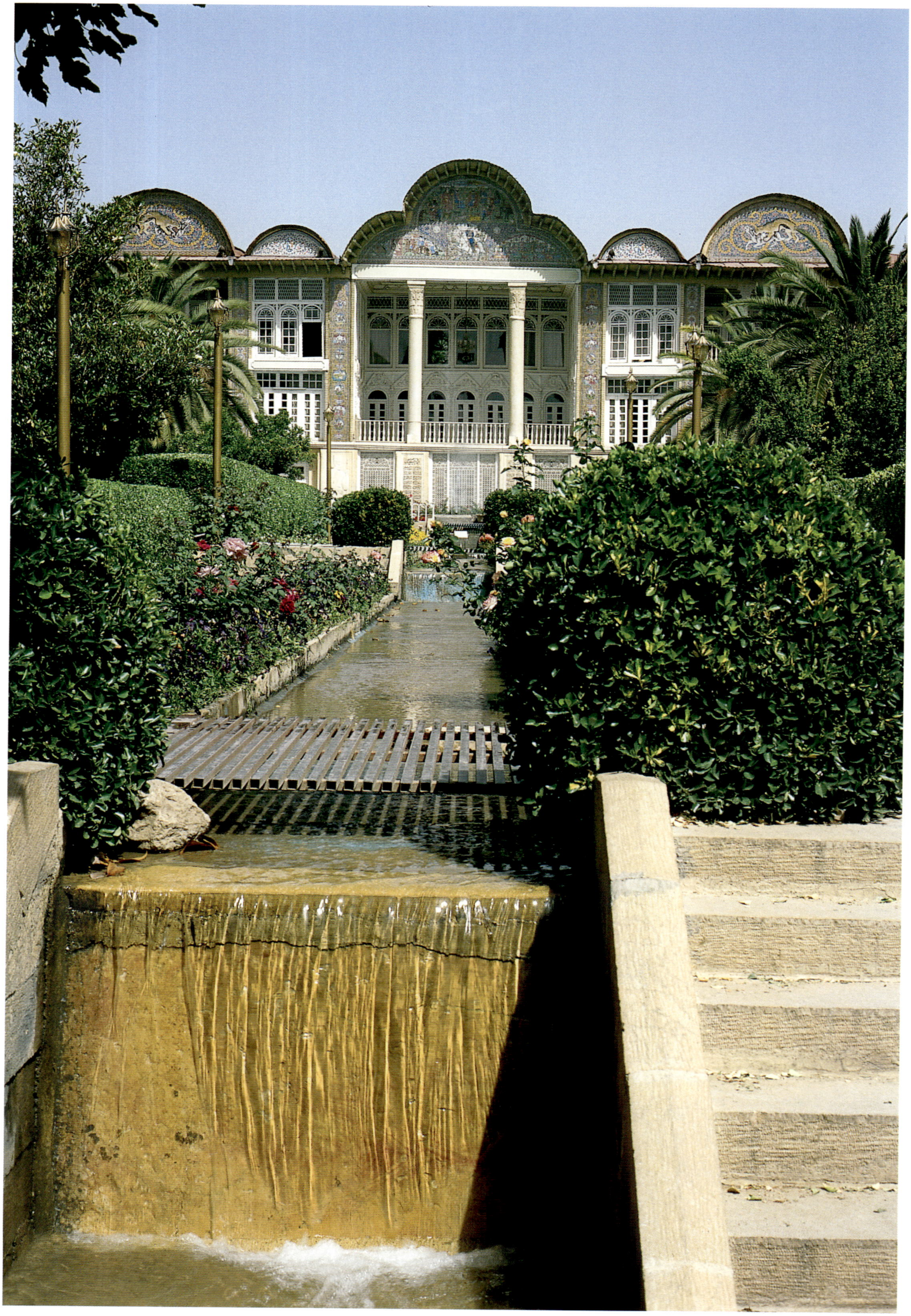

Chiraz. Madrasa Khân, XIXe siècle.
À GAUCHE Chiraz. Bâgh-e Eram, XIXe siècle.

L'eau ruisselant dans des canalisations est également mise en œuvre pour constituer une sorte de décor changeant même à l'intérieur de certains bâtiments, comme celui que décrit Chardin à Isfahan :

« On voit dans l'un de ces palais un salon à trois étages, soutenus sur des colonnes de bois doré, qu'on pourrait appeler une grotte ; car l'eau y est partout, coulant autour des étages dans un canal étroit qui la fait tomber en forme de nappe en cascade, de manière qu'en quelque endroit du salon que l'on se trouve, on voit et on sent l'eau tout autour de soi. On fait aller l'eau là par une machine qui en est proche, et y communique par un tuyau[32]. »

Les maisons « bourgeoises » possèdent souvent une pièce à demi enterrée, ouverte sur une cour par une abrupte volée de marches. Cette espèce de cave – que l'on appelle *sardâb* (litt. « eau froide ») – possède un bassin, et reçoit l'air de « capteurs de vent » (*bâd-gir*) qui ressemblent à de grandes cheminées ; l'air se refroidit à son tour en passant au-dessus de l'eau fraîche et repart par des conduits intérieurs vers les salles supérieures. Les *bâd-gir*, avec leur silhouette caractéristique, sont ainsi indissociables de l'architecture des villes du désert ; cette technologie s'est répandue par la suite sur un vaste territoire qui couvre notamment, outre le plateau iranien, la péninsule arabique, du Golfe à la mer Rouge.

Jeux d'eau

L'eau, utilisée dans le double but de l'irrigation et de l'agrément, est assurément l'une des clés majeures du jardin persan. Déjà à Pasargades, un ingénieux système de circulation de l'eau dans des canaux jalonnés de petits bassins fait non seulement bénéficier le sol de la fraîcheur liquide, mais apporte de plus à l'oreille un agréable gazouillement.

Grâce aux systèmes d'élévation, et tout en profitant d'une légère déclivité du terrain, l'eau se répand au travers des jardins et s'écoule par rigoles et cascatelles ; par endroits, des systèmes de siphon (*shotor-gelu*, littéralement : « cou de chameau ») lui permettent de rejaillir avec des effets de surprise, sous forme de bouillons ou de jets d'eau ; dans ce domaine, le jardin de Fin, près de Kâshân possède encore quelques exemples particulièrement ingénieux, parmi lesquels un bassin dont le fond comporte 171 orifices reliés par des tuyaux et qui lui donnent le nom de *Howz-e jush* ou « Bassin bouillant ».

Au XIe siècle, le poète Azraqi décrit ainsi la fontaine d'un jardin :
« D'un merveilleux robinet d'or découle une onde
dont la limpidité semble celle d'une âme :
la turquoise et l'argent étiré se répandent
dans le bassin, sortant de ce robinet d'or ;
il semble qu'un dragon dont le corps est d'argent et les os de turquoise,
épande de l'argent qu'il tire de l'or pur.
Un jardin de ce caractère est plus charmant que paradis ;
le bassin qui a cet aspect est plus limpide que Kauthar[33]. »

32. Chardin, II, pp. 35-36.

33. Azraqi (XIe s.), H. Massé, *Anthologie persane*, p. 44.

À DROITE
HAUT Kâshân. Cour de la maison Tabâtabâ'i avec son bassin ; au fond de la cour, sous les arcades, se trouve le *sardâb*.
BAS Yazd. Cour d'une maison zoroastrienne ; derrière le bassin on distingue le soupirail du *sardâb*.

PALAIS ET JARDINS DE PERSE 41

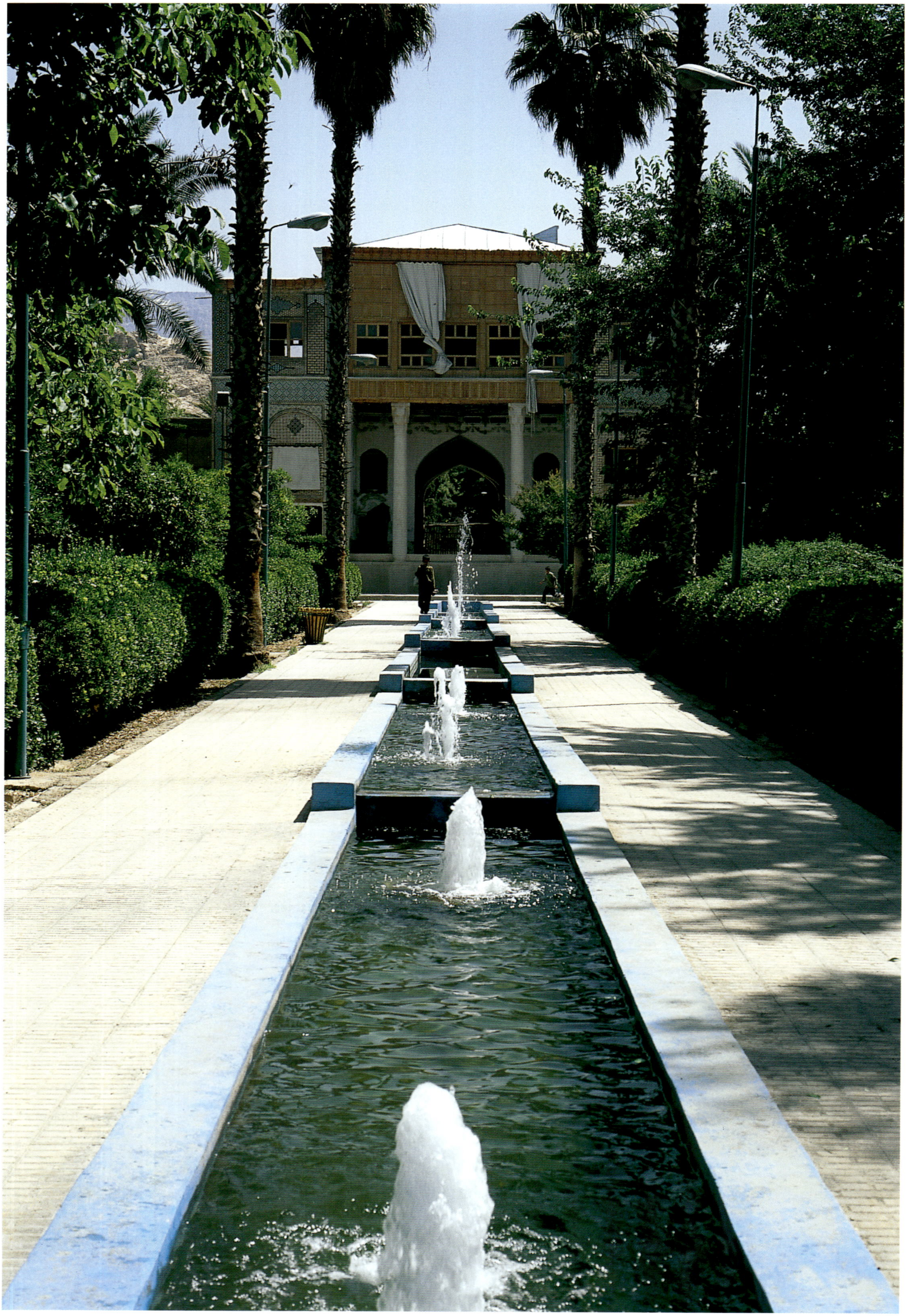

Isfahan. Place de l'Image du Monde ; au fond, la mosquée royale (début XVIIe siècle).
À GAUCHE *Chiraz. Bâgh-e Delgoshâ, XIXe siècle.*

« DE BON MATIN, CE CYPRÈS CHARMANT SE DIRIGEA AVEC ASSURANCE VERS LE BAIN ;
PAR SON VISAGE PAREIL AU CIERGE, LE BAIN RESPLENDIT.
À TRAVERS SON COL OUVERT, SON CORPS APPARAISSAIT ;
IL SORTIT DE SA ROBE ET MONTRA ENTIÈREMENT SON CORPS DE PLEINE LUNE.
IL ENVELOPPA SON CORPS NU DANS UN DRAP DE BAIN COULEUR D'INDIGO :
TU AURAIS CRU QU'UNE AMANDE DÉCORTIQUÉE ÉTAIT TOMBÉE PARMI LES VIOLETTES.
LE BORD DE LA VASQUE EUT L'HONNEUR DE LUI BAISER LES PIEDS :
L'ŒIL DU VITRAIL S'ILLUMINA À SA VUE GRACIEUSE.
ON POUVAIT CROIRE QUE LES PERLES DE SUEUR AVAIENT ÉTÉ MISES EN VENTE ;
NOMBREUX FURENT CEUX QUI MIRENT LA MAIN À LA BOURSE,
PRIS DE VAINE ESPÉRANCE. »

Fuzuli de Bagdad (XVIe s.) trad. Bombaci, p. 207.

LE HAMMAM

La propreté du corps et la pureté de l'âme semblent indissociables en Islam ; un *hadith* du Prophète n'affirme-t-il pas que « La clef du paradis est la prière et la clef de la prière est la toilette » ? Du reste, cette « tradition » du Prophète ne fait que reprendre une idée déjà exprimée dans le Coran : « Ô croyants ! lorsque vous vous apprêtez pour la prière, lavez votre visage, vos mains jusqu'au coude, nettoyez votre tête et vos pieds jusqu'aux chevilles » (Coran V, 8). Ces ablutions rituelles doivent être accomplies, avant chacune des cinq prières quotidiennes ; c'est ce que l'on appelle les « petites ablutions » (*wudû'*). Après une maladie, un rapport sexuel ou autres cas de « souillure », mais surtout avant la prière collective du Vendredi, le corps nécessite une purification plus importante, que l'on appelle la « grande ablution » (*ghusl*).

« Ô croyants ! ne priez point lorsque vous êtes ivres : attendez que vous puissiez comprendre les paroles que vous prononcez. Ne priez point quand vous êtes souillés : attendez que vous ayez fait vos ablutions, à moins que vous ne soyez en voyage[34]. »

Les établissements de bains ou *hammam* occupent en Orient une place de première importance. On s'y rend tout d'abord pour s'y laver, bien sûr, mais cet exercice d'hygiène n'exclut pas d'autres activités comme la détente et la conversation ; en fait, le rôle social du hammam est tellement important que lorsqu'une personne est rétablie après une maladie, l'expression « il est allé au hammam » suffit pour comprendre que l'ancien malade a repris toutes ses activités sociales. Du reste, les grands auteurs classiques qui se sont penchés sur les questions de santé et d'hygiène comme al-Râzi (Rhazès) ou Ibn Sînâ (Avicenne) insistent sur la nécessité d'entretenir le corps par le bain et l'exercice.

34. Coran, IV, 46.

À DROITE Page d'un *Divân de Fuzuli. Chiraz, XVIe siècle. Ham, Keir collection.*

PALAIS ET JARDINS DE PERSE 45

Kermân. Hammam Ganj Ali Khân (XVIIᵉ s.).
À DROITE *Kermân. Hammam Ganj Ali Khân, bassin de la pièce centrale.*

PALAIS ET JARDINS DE PERSE 47

Mâhân. Hammam du Bâgh-e Shâhzâde (XIXᵉ s.).

D'après al-Râzi, le bain « humidifie le corps, ouvre les pores, nettoie les impuretés accumulées, diminue la pléthore, dissout les flatulences, conduit au sommeil, rend plus subtiles les humeurs. En outre, il calme la douleur du ventre, ôte la fatigue et rend le corps apte à recevoir les aliments[35] ». Toujours d'après les auteurs, il est recommandé de respecter le passage graduel d'une section du hammam vers une autre ; en outre, des onguents et des massages sont souvent prescrits en complément.

Les hammams offrent en effet divers services comme les masseurs et les barbiers. Le *dalak* fait office de masseur ; d'après le poète satirique 'Obeyd-e Zâkâni, il faisait également office d'entremetteur. Le rôle de ce personnage est important dans tout l'Orient où le bain public est presque une obligation et où la richesse des mets conduit souvent à l'embonpoint.

Les hommes fréquentent habituellement les bains le matin ou peu avant midi alors que les femmes préfèrent s'y rendre l'après-midi. Pour ces dernières, c'est la possibilité de se retrouver entre amies en dehors de la maison ; les femmes peuvent aussi se faire épiler entièrement le corps, suivant en cela des préceptes religieux.

Curieusement, alors que les voyageurs occidentaux sont souvent assez bavards lorsqu'il s'agit de décrire les us et coutumes des contrées exotiques qu'ils traversent, le hammam semble, en règle générale, ne pas avoir suscité de commentaires. Parfois, comme Marco Polo, le voyageur note la présence de sources d'eau chaude aux vertus curatives : « Il y a [dans la région de Kermân] maints bains chauds qui jaillissent naturellement de la terre (…) Les bains dont je vous ai parlé sont de très chaude eau jaillissante ; très bons sont pour maintes maladies et gales[36]. »

Sans doute ce lieu trop intime, avec sa double évocation de respect des traditions et d'antre de sensualité a-t-il provoqué chez la plupart des voyageurs une certaine crainte empreinte de pudeur. Ainsi, dans le *Voyage en Égypte* de Gustave Flaubert, l'entrée « Bain turc » se résume à cette phrase :
« Petit garçon en tarbouch rouge qui me massait la cuisse droite d'un air mélancolique[37]. »

Il n'en va pas de même chez les poètes persans, qui n'hésitent pas à situer certains épisodes dans le hammam. L'un des plus célèbres est l'histoire du calife Harun al-Rachid et de son barbier – fable morale sur le monde des apparences – telle que l'a contée Nezâmi dans son *Trésor des secrets* :
Le calife se fait raser un jour par son barbier, qui lui demande sans hésiter la main de sa fille ; interloqué, le calife se dit que c'est la chaleur du lieu qui lui a brouillé l'esprit. Le barbier refait cependant sa demande et son insistance conduit le calife à demander conseil à son vizir. Celui-ci lui conseille de dire au barbier de changer de place, pensant que si ce dernier a de telles prétentions, c'est parce qu'il a un trésor sous les pieds. Le calife ordonne donc à son barbier de changer sa place habituelle et celui-ci devient blême : « Aussi longtemps que ses pieds reposaient sur un trésor, il se voyait sur le royal visage comme dans un miroir ; mais dès qu'il n'y eut plus de trésor sous ses pieds, il se vit à nouveau comme simple barbier. »

Parfois, les poètes profitent de cet espace propice à l'éveil des sens pour décrire la beauté d'un jeune éphèbe, comme le fait ici Jâmi, poète du XVe siècle à la cour d'Hérat :
« À l'aube, lorsqu'il sortit de sa maison pour se rendre au bain, des milliers de ceux qui

35. Cité d'après Danielle Jacquart, « Les choses non naturelles », dans *La Médecine au temps des califes,* p. 175.

36. Marco Polo, *Le Devisement du monde,* p. 99.

37. Gustave Flaubert, *Voyage en Égypte,* p. 225.

Chiraz. Hammam Vakil, XVIIIe siècle.

Chiraz. Hammam Vakil, XVIII⁰ siècle.

avaient perdu, pour lui, leur cœur, se firent poussière à chacun de ses pas. Lorsqu'il retira ses vêtements, le rayon d'une nouvelle aurore illumina le vestiaire par la clarté de son corps. De même que les pétales de roses entrent dans la fabrication de l'eau de rose, des gouttelettes de sueur se posèrent sur ses joues roses quand il entra dans la chambre chaude. Son corps était pareil au pur argent et des milliers de nus et de mendiants tendirent aussitôt leurs gants de crin pour recevoir de lui son pur argent[38]. »

38. Cité d'après A. Pagliaro et A. Bausani, *Storia della letteratura persiana,* Milan, 1960, pp. 475-476.

Le voyageur marocain Ibn Battuta, en bon musulman, fréquente quant à lui les hammams au cours de ses périples ; il décrit ceux d'Isfahan dont il dit : « il possède un bain admirable, pavé de marbre, et dont les murailles sont revêtues de faïence [sic] de Kâshân ». De même, à Bagdad, il signale :
« Les bains sont en grande quantité et des plus jolis ; la plupart sont enduits à l'extérieur, y compris la terrasse, avec de la poix ; de sorte que quiconque regarde cet enduit croit que c'est du marbre noir (…) Dans chaque établissement de bains se voient beaucoup de cabinets, dont le sol est recouvert de poix. Il en est ainsi de la moitié de la muraille qui touche terre ; la moitié supérieure est enduite de plâtre, d'un blanc pur. Ainsi, les deux contraires y sont réunis, et leurs beautés sont placées en présence l'une de l'autre. À l'intérieur de chacun de ces cabinets, il existe un bassin de marbre avec deux robinets dont l'un laisse couler de l'eau chaude et le second de l'eau froide (…) Dans un coin de toutes ces cellules il y a aussi un autre bassin pour se laver[39]. »

39. Ibn Battuta, *Voyages,* I, p. 439.

À mi-chemin entre la « grotte d'eau » et le hammam, le shâh Soltân Hoseyn fit bâtir un ensemble de pavillons de plaisance dont l'eau était l'une des principales attractions. Cet ensemble, le *Bâgh-e Behesht-Â'in* (« Jardin semblable au Paradis ») comptait notamment un « Pavillon du Repos » (*Râhat-khâne*), avec des bassins pour le bain ; un autre pavillon tirait son nom également d'un bassin, le *Howz-khâne*. Ce dernier abritait une salle semi-enterrée où se trouvait un bassin, auquel on pouvait accéder par des sortes de toboggans[40].

40. Décrit par Blake (p. 73), d'après Asaf, *Rustam,* p. 76.

Le système mis en œuvre ici pour un pavillon royal est en fait une adaptation monumentale et luxueuse du *sardâb* des maisons « bourgeoises ».

Les hammams sont le plus souvent construits au cœur de la ville, à proximité du bazar, et font parfois partie de complexes bâtis pour doter une institution charitable ou une fondation pieuse (comme une madrasa, par exemple). Ainsi, le Hammâm-e Vakil, à Chiraz, fait partie d'un ensemble de bâtiments éditilaires construits à l'époque de Karim Khân Zand autour de sa mosquée, au sein du bazar ; cet ensemble comprend également le Sarây-e Moshir, caravansérail converti de nos jours en maison de thé.
Le Hammâm-e Ganj 'Ali Khân a été bâti en 1631 pour le gouverneur de la ville de Kermân – qui a donné son nom à l'établissement. Le vestibule est divisé de façon à regrouper les vestiaires suivant les corporations ; le bâtiment compte quelques peintures murales assez surprenantes, ainsi que de nombreux lambris en céramique. De nos jours il a été transformé en Musée ethnologique et des mannequins de cire reproduisent les gestes traditionnels des masseurs et des barbiers. En revanche, le Hammâm-e Ebrâhim Khân, dans la même ville, est, quant à lui, toujours en activité.
D'autres hammams se trouvent dans des jardins, et viennent ainsi s'ajouter aux attraits de ces lieux enchanteurs ; c'est le cas notamment au jardin de Fin, près de Kâshân, ainsi qu'à Mâhân (dans la province de Kermân), au Bâgh-e Shâhzâde.

Yazd. Hammam du Bâzâr-e Khân, de nos jours transformé en restaurant.

54 PALAIS ET JARDINS DE PERSE

« Le vent du printemps au jardin est devenu sculpteur d'idoles :
Par l'effet de son art les arbres sont autant de jeunes beautés.
Le jardin est plein de brocarts, comme l'échoppe du drapier ;
La brise est aussi chargée d'ambre que le plateau du parfumeur.
Elle fait fondre la limaille d'argent qui couvrait le sol
Et la terre prend la fraîcheur de la joue des adolescents.
Les champs se couvrent le visage des précieuses soieries de Chine ;
Les rameaux des arbres se parent des boucles d'oreille des perles.
Comme les belles du sérail, le soleil par coquetterie
Tantôt se voile d'un nuage et tantôt se laisse entrevoir.
La haute montagne retire de son front la tiare d'argent :
C'est une beauté à l'œil vif, au teint vermeil, au sein musqué. »

Onsori, XIe siècle.

LE JARDIN NATUREL

Les poètes persans ont souvent comparé la nature au printemps à un tapis semé de fleurs. Il est vrai qu'après la sécheresse de l'été et la rigueur de l'hiver, le tapis végétal que l'on découvre alors est absolument enchanteur : minuscules tulipes semblables à des gouttes de sang frais, jacinthes embaumées, anémones grandes comme des coccinelles, narcisses pareils à de tout petits yeux dorés jetés sur l'herbe rase... Cette jeune herbe d'un vert tendre est souvent comparée au duvet des adolescents, une herbe d'amour pour laquelle le poète Hâfez quitterait même le paradis : « Nous avons vu le duvet de ta barbe et nous sommes venus jusqu'ici pour cueillir cette herbe d'amour ! »

Naturellement, cette métaphore qui fait de la nature un jardin recouvert d'un tapis paraît indissociable des tapis tissés dans ces contrées, sans doute depuis des millénaires. Ainsi on raconte que le grand roi Khosrow Parviz avait un tapis magnifique, tissé d'or et d'argent et constellé de perles et de gemmes, que l'on appelait « le printemps de Khosrow ». Ce superbe tapis aurait été taillé en morceaux lors de la prise de Ctésiphon par les Arabes en 637. Dans des créations plus récentes, et notamment dès l'époque safavide, nous connaissons quelques exemples de ce que l'on appelle les « tapis-jardins » ; ceux-ci dépeignent en effet des canaux qui traversent l'ouvrage tout en créant des parterres où fleurissent pivoines et iris à l'ombre de majestueux cyprès.

Il arrive souvent que les poètes décrivent un parage naturel d'une particulière beauté comme s'il s'agissait d'un véritable jardin : un écrin de verdure, entouré de rochers et des bosquets en guise de clôture, parcouru par un ruisseau aux eaux limpides et ombragé par la ramure généreuse d'un platane ; sur le gazon ponctué de fleurettes, des belles

À GAUCHE Khosrow voit Shirin se baignant dans une source. Khamse *de Nezâmi exécutée pour Shâh Tahmâsp, Tabriz, c. 1535, British Library (Or. 2265, fol 53b).*

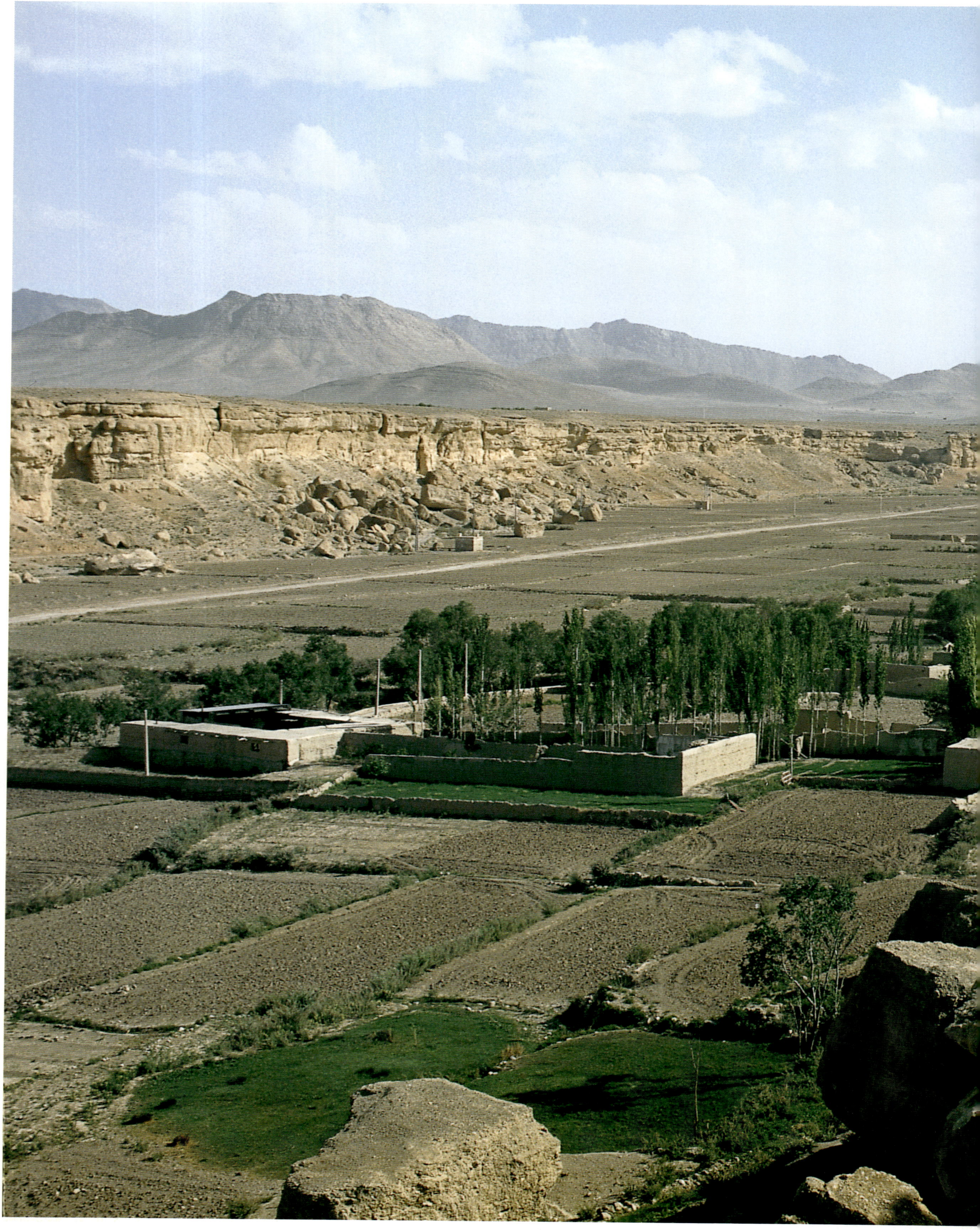

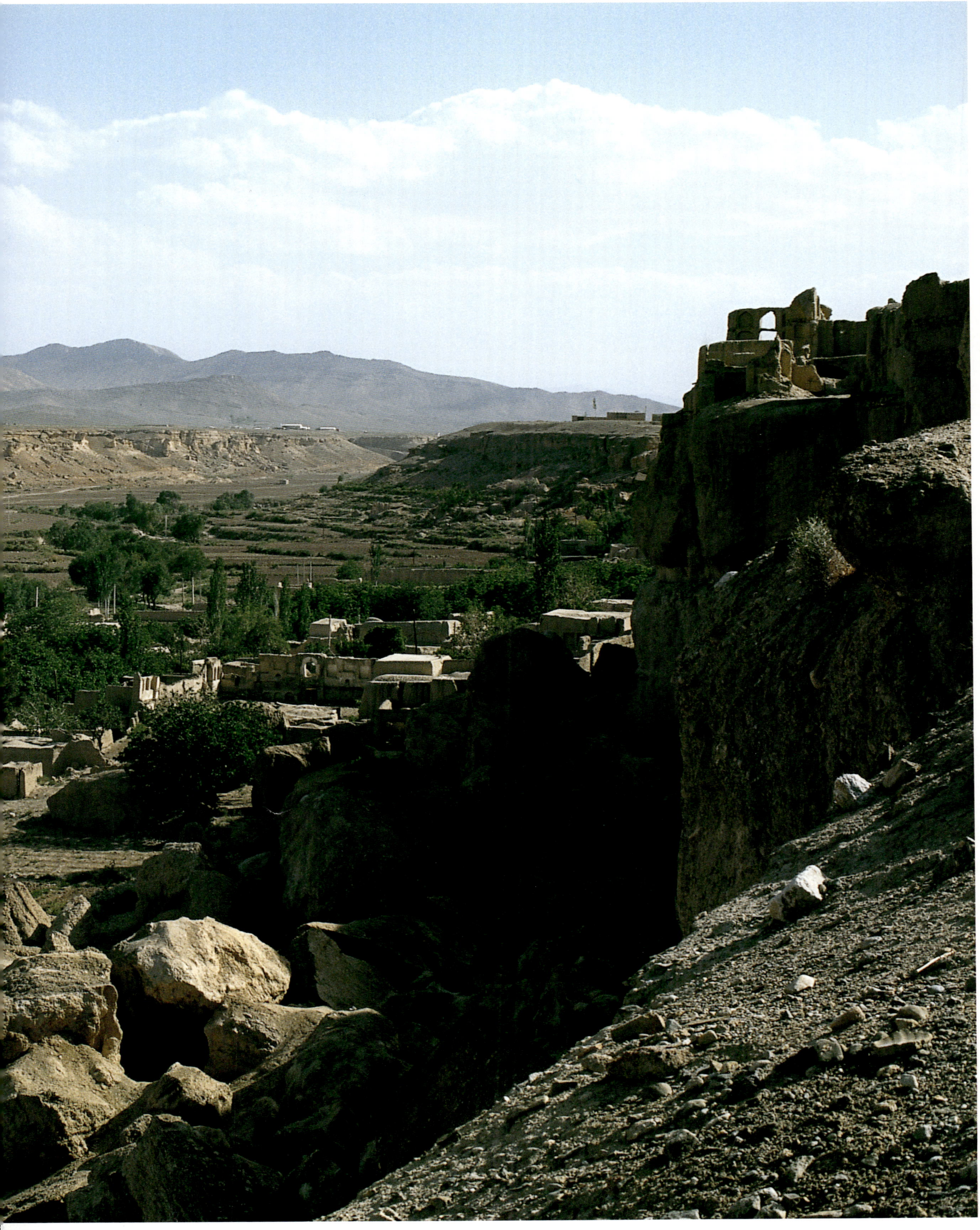

58 PALAIS ET JARDINS DE PERSE

viennent s'ébattre se croyant à l'abri des regards indiscrets. Parfois, cependant, dans cette nature riante, les belles sont surprises ; ainsi en est-il dans l'histoire de la belle Shirin, surprise à se baigner dans une source par le jeune roi Khosrow :

« Une prairie parut, semblable au paradis ; une source y coulait ; elle faisait songer à la source cachée de l'immortalité – source qui se trouvait en lieu ténébreux, confuse de son onde épandue et brillante. Shirin était lassée des peines de la route, et de la tête aux pieds couverte de poussière (…) Quand elle dégagea du linge blanc son corps, du haut du ciel Sirius, jaloux, jeta un cri ; d'une soie bleu de ciel enveloppant sa taille, elle se mit en l'onde et enflamma le monde en prenant son azur au ciel pour s'en couvrir, en unissant à rose blanche nénuphar ; l'indigo devint son rempart, et ainsi de ce ciel bleu foncé surgit au soir la lune (…) Dans cette onde azurée elle était comme fleur ; ses reins étaient voilés de soie bleue et par son corps rosé, toute la source était fleur d'amande en laquelle était cachée la pulpe…[41] »

Comme le langage poétique, celui de la peinture de manuscrits (ce qu'on appelle vulgairement la « miniature ») aime à user de métaphores. Ainsi, dans certaines peintures il est frappant de voir, figurées à l'extérieur, des scènes censées se passer dans un intérieur. Une illustration d'un manuscrit de la fin du XIVe siècle représente Gengis Khan en train de prêcher à la mosquée de Boukhara[42]. Le Mongol est assis en haut du minbar, mais la « mosquée » est quant à elle figurée par un paysage de plein air ! De même, il n'est pas rare de voir représentées dans un jardin des scènes qui sont obligatoirement censées se passer dans une chambre : c'est notamment le cas de « Joseph tenté par Zoleykhâ » (la femme de Putiphar) ou d'autres scènes semblables comme « Siyâvush tenté par Sudâbe[43]. » Inversement, les jardins représentés sur certaines miniatures ne sont suggérés que par quelques détails : un enclos, un personnage en train de bêcher. Il s'agit là, comme habituellement dans l'iconographie de la miniature persane, d'un langage conceptuel où l'idée compte plus que sa forme.

Comme on le voit, aux yeux des poètes, la nature est généreuse et ne manque pas de jardins « naturels ». La réalité est tout autre : s'il est des saisons au cours desquelles le paysage peut surprendre le voyageur par une tache de verdure, l'or des peupliers ou l'ombre d'un platane, le quotidien sur le plateau est aride par nature. De plus, comme on l'a lu, ces « jardins naturels » lorsqu'ils existent manquent d'intimité ; ainsi, à la terre fertile et arrosée, il faut ajouter une clôture qui ferme cet espace privilégié à la fois aux regards importuns et aux agressions naturelles. Pour le persan *bâgh*, comme pour le français, le mot « jardin » peut désigner à la fois un espace d'ornement et un verger ou un potager, tous ces éléments pouvant éventuellement se conjuguer. De plus, on distinguera le jardin « intra-muros » – jardin domestique ou cour intérieure – des grands jardins « extra-muros », parfois complètement dépourvus d'habitations. Enfin, il arrive que le jardin serve d'ultime demeure à son ancien propriétaire ; il devient alors un lieu de promenade où se conjuguent les plaisirs des sens et la dévotion à la mémoire d'un saint ou d'un poète.

41. Traduction H. Massé, pp. 39-42.

42. Illustration du *Shâhanshâh-nâme* d'Ahmad Tabrizi, daté 800/1397, probablement à Chiraz ; British Library, Or. 2780, fol. 61 ; reproduit dans I. Stchoukine, *Les Peintures des manuscrits timûrides*, pl. XIII.

43. Pour un exemple de cet épisode, voir un *Shâh-nâme* de Firdousi daté 1393, Chiraz ? conservé à la Bibliothèque du Caire ; reproduit dans Binyon, Wilkinson et Gray, pl. XXIX-B. 32 (b).

DOUBLE PAGE PRÉCÉDENTE Vue de Yazd-e Khâst vers la plaine et ses jardins clos de murs.
À GAUCHE
HAUT Vergers près d'Isfahan.
BAS Pigeonniers dans les champs aux environs d'Isfahan.

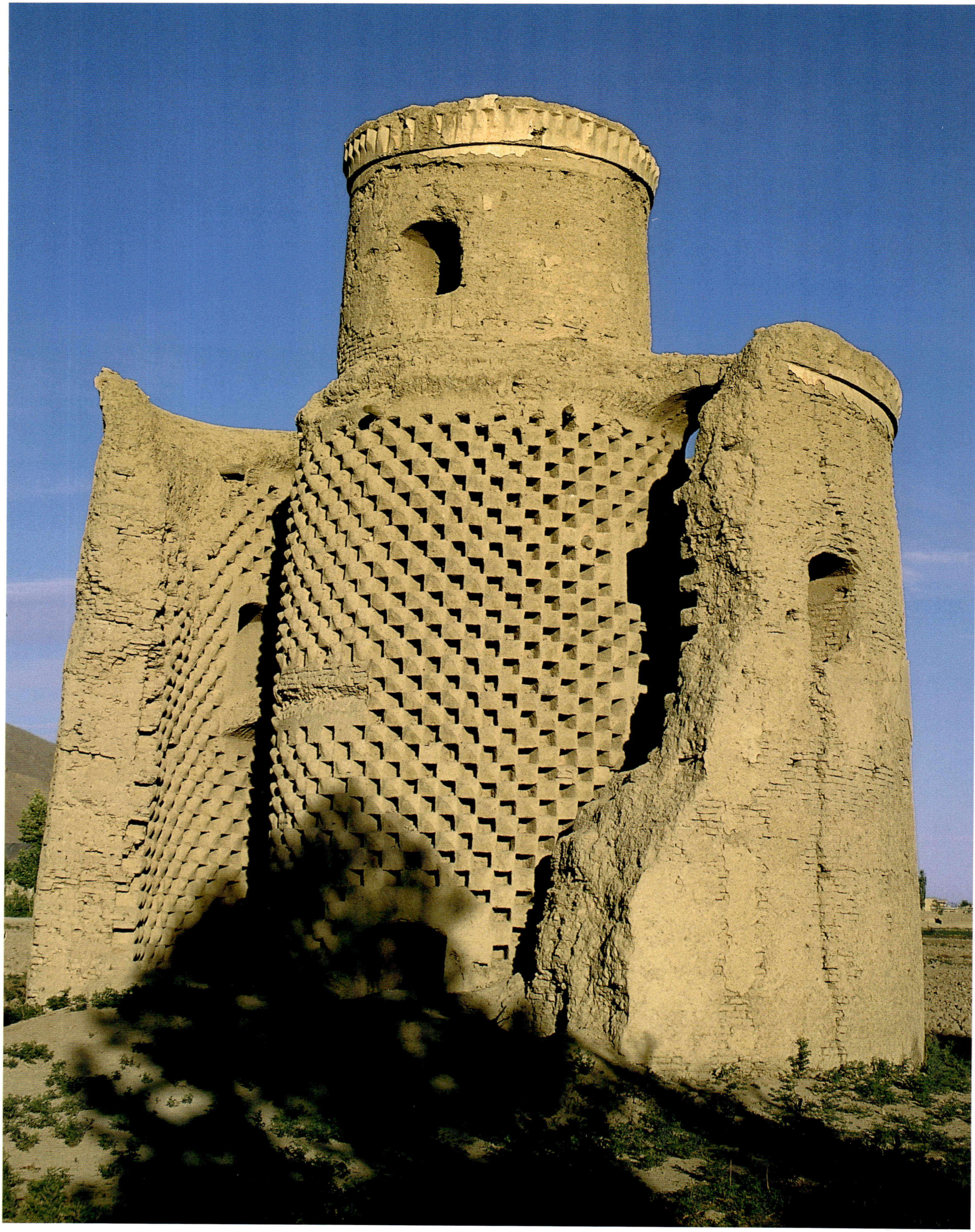

LA BRIQUE

LE MUR
PALAIS ET JARDINS ROYAUX
JARDINS POUR L'ÉTUDE ET LA MÉDITATION
JARDINS D'ÉTERNITÉ

« Un jour j'ai vu un potier dans le bazar
il frappait la glaise avec ses pieds
et cette glaise avec la voix de sa condition lui disait :
j'étais comme tu es ; traite-moi avec bonté ! »

Omar Khayyâm

Chapitre 2

LA BRIQUE

Quoi de plus simple en somme que de prendre cette terre abondante et limoneuse et de s'en servir de rempart contre l'avancée de cette même terre, devenue sans eau une poussière brûlante poussée par les djinns, qui hante les déserts ? L'osmose est si parfaite entre la terre montée en murs de pisé et celle qui entoure les murs que lorsque ceux-ci ne sont plus entretenus, ils se confondent à nouveau avec leurs origines. Rien d'étonnant alors de retrouver, dans cette image de cycle immuable, l'origine de la création de l'homme à partir de cette même terre !

L'utilisation de la brique en terre crue remonte à la plus haute Antiquité ; mélangée à de la paille, cette terre donne le torchis (*kâh-gel*). La glaise, ce matériau malléable et relativement léger, permet de monter des murs formés de briques moulées et séchées au soleil, à la façon du pisé ; en torchis, il permet également des utilisations en surface, comme revêtement de mur ou de couverture. Les formes de l'architecture traditionnelle iranienne témoignent de la diversité des possibilités de créations obtenues avec ce simple matériau. Dans un pays traditionnellement pauvre en combustible destiné à cuire des briques, le pisé fournit une alternative idéale et économique.

Jean Chardin, qui a voyagé en Perse au XVIIe siècle, décrit ainsi la manière de bâtir les maisons dans ces contrées :

« Les maisons de Perse ne se bâtissent point de pierres, non pas à cause que la pierre est rare en Perse, mais à cause que ce n'est pas une matière propre pour construire les maisons dans les pays chauds ; elles ne sont pas de charpente non plus, si ce n'est les plafonds des grands logis, les colonnes et les pilastres qui les supportent. Leur matière est de briques, ou faites au soleil, ou cuites au feu ; et comme leurs maisons ne sont enduites que de simple mortier au-dehors, elles sont fort éloignées d'avoir ce bel aspect de nôtres ; mais en dedans, elles ont l'air gai, et sont fort commodes[1]. »

1. Chardin IV, pp. 110-111.

Les monuments plus prestigieux font, bien entendu, appel à des matériaux à la fois plus durables et plus diversifiés, au premier rang desquels se trouve la brique cuite (*âjor*) ; celle-ci a souvent été utilisée autant pour sa résistance que pour les procédés décoratifs qu'elle permet par un simple jeu d'agencement en figures géométriques.

Enfin, les parties nobles des édifices sont souvent revêtues de parements de pierre ou de lambris de céramique à glaçure, permettant ainsi de laisser éclater les couleurs du décor en somptueuses polychromies.

Outre certains types de bâtiments déjà évoqués, comme les glacières et les citernes, avec leurs inévitables *bâd-gir*, l'architecture populaire iranienne a développé d'autres genres d'édifices remarquables. Les pigeonniers en sont un fascinant exemple ; construits en briques crues, ils adoptent pour leur aspect externe celui d'une tour souvent crénelée et sommée d'une lanterne. L'organisation interne de ces pigeonniers est fort ingénieuse puisqu'il s'agit de loger dans un minimum d'espace le plus grand nombre de pigeons ; des centaines d'alvéoles tapissent donc les parois intérieures. Le but principal de ces pigeonniers n'est pas, contrairement à celui du monde occidental, l'élevage en vue de la consommation des volatiles, mais bien en premier lieu de produire de l'engrais, un guano particulièrement apprécié dans la culture des melons. D'après les voyageurs, il y avait à la fin du XVIIe siècle dans les environs d'Isfahan plus de trois mille pigeonniers ; il en reste de nos jours quelques centaines, dont la plupart en ruines.

PAGE PRÉCÉDENTE Pigeonnier dans la région d'Isfahan.
À GAUCHE Scène de nuit dans un palais en ville. Peinture isolée ; Tabriz c. 1535. Fogg Art Mus. Cambridge Mass.

*Vue de Yazd au-dessus des toits ; au centre, les minarets jumeaux de la Mosquée du Vendredi.
Au loin, à gauche, les deux minarets d'Amir Chaqmaq.*

Yazd. Le tekiye *d'Amir Chaqmaq, où se déroulent les spectacles religieux de* ta'ziye.

PALAIS ET JARDINS DE PERSE 65

À GAUCHE Kermân. Paire de bâd-gir d'une maison en ruines.
À DROITE Isfahan. Pigeonnier conservé de nos jours dans un rond-point de la ville.

Pigeonnier dans les environs d'Isfahan.

« ILS MARCHÈRENT LONGTEMPS LE LONG DES JARDINS QUI BORDAIENT LE TIGRE ET ILS EN CÔTOYÈRENT UN QUI ÉTAIT FERMÉ D'UNE BELLE ET LONGUE MURAILLE. EN ARRIVANT AU BOUT, ILS DÉTOURNÈRENT PAR UNE LONGUE RUE BIEN PAVÉE, OÙ ILS APERÇURENT LA PORTE DU JARDIN AVEC UNE BELLE FONTAINE AUPRÈS. LA PORTE, QUI ÉTAIT MAGNIFIQUE, ÉTAIT FERMÉE. »

Les Mille et Une Nuits, « Histoire de Nureddin ».

LE MUR

Le mur est ce qui définit la barrière, la clôture, entre la nature sauvage, inhospitalière, non maîtrisée, et l'espace réservé, la nature maîtrisée par la main de l'homme. Ce concept semble assez universel pour définir le jardin : le mot français « jardin » ne provient-il pas du francique *gart* qui signifie « clôture[2] » ?

2. Baridon, p. 19.

Parfois, dans les peintures de manuscrits, on voit figurer une terrasse d'un jardin royal, séparée par une clôture d'un espace « naturel », sans ordre, dans lequel coule souvent un ruisseau. Cet espace entre le dehors et le dedans est parfois occupé par un bêcheur ; celui-ci indique par sa seule présence que nous sommes sinon dans un jardin, du moins dans un lieu cultivable (voir ill. p. 89).

Le mur constitue donc la limite entre la nature et l'homme, mais aussi entre l'ordinaire et l'extraordinaire, le dehors et le dedans, l'apparent et le caché, le licite et l'illicite, l'espace publique et l'espace inviolable du harem. Les poètes persans ont bien sûr usé de la métaphore pour illustrer un thème cher à la mystique : toute chose a deux essences, l'une terrestre, opaque, humaine, ouverte ; l'autre céleste, subtile, angélique, fermée. Une série de définitions semblables se retrouvent dans les concepts de l'*hortus conclusus* ou du *locus amœnus* des poètes de l'Occident médiéval.

L'illustration d'un épisode d'un poème de Jâmi montrant *L'homme de la ville pillant le verger du villageois* (manuscrit conservé à la Freer Gallery de Washington) montre au premier plan une clôture, devant laquelle un passant tire un ânon ; une porte entrebâillée permet à un derviche de recevoir l'aumône d'une grappe de raisin, sans rien apercevoir de ce qui se passe au-dedans. Derrière le mur, on distingue d'abord un homme en train de briser les branches d'un arbre ; devant lui, le villageois tend les bras en signe de désarroi. Tout au fond, sous un élégant pavillon, quatre jeunes hommes se prélassent et assistent à une scène à laquelle le poète ne les a pas conviés. Bien qu'ils ne soient pas mentionnés dans le texte, ces jeunes hommes symbolisent dans la peinture ce que l'on attendrait d'un endroit pareil : le calme, la jouissance de la musique – celle des hommes comme celle de la nature – et la délectation des fruits du verger, en d'autres termes, un « accord parfait » que vient troubler l'homme de la ville. Celui-ci a été invité

À DROITE L'homme de la ville pillant le verger du villageois. *Illustration du Haft-Awrang de Jâmi (1556-1565), Freer Gallery. Washington (Acc. n°46.12, fol. 179b).*

PALAIS ET JARDINS DE PERSE 69

Kâshân. Coupoles et terrasses du bazar au petit matin.
DOUBLE PAGE SUIVANTE *Bam. La ville ruinée aux pieds de la citadelle.*

par le villageois dans son verger. Attiré par la beauté des fruits dont les arbres sont chargés, l'homme de la ville se met à cueillir des pommes, des poires et des grenades tout en cassant les branches des arbres que le villageois a soignés avec amour. En observant cette brute dévaster son jardin, le villageois se dit : « Que connaît cet homme des villes des peines que l'on se donne pour irriguer, planter, greffer ou émonder les arbres ? Celui qui partage ma peine connaît ma peine ; elle est indifférente à celui qui ne la connaît pas. »

Le mur, telle l'enceinte de la ville, joue également le rôle d'une protection contre les agressions du désert, non seulement celles de vents de sable, susceptibles d'envahir les rues, mais également bien sûr celles des rôdeurs et des bandits qui hantent les steppes désolées.

Peu de remparts urbains ont survécu jusqu'à nos jours dans le territoire de l'Iran. Loti décrivait en 1900 les remparts de Chiraz comme une chose du passé, devenue inutile : « Les remparts de Chiraz forment un côté de cette place ; élégants et délabrés comme toutes les choses persanes : hautes murailles droites, flanquées d'énormes tours rondes, et ornées d'une suite sans fin d'ogives qui s'y dessinent en creux ; les matériaux qui les composent, terres cuites grises, relevées d'émail jaune et vert, leur donnent encore l'aspect un peu assyrien ; au bout de deux cents mètres, on les voit mourir en un amas de briques éboulées, que sans doute personne ne relèvera jamais[3]. »

3. Pierre Loti, *Vers Ispahan*, p. 90.

À l'intérieur de la ville de Chiraz, l'imposante structure de la citadelle de Karim Khân Zand déploie une enceinte scandée de quatre fortes tours mesurant quatorze mètres de haut ; entièrement construite en briques, l'enceinte joue avec bonheur des compositions géométriques que permet l'agencement des briques. L'enceinte abrite un palais à cour centrale et faisait partie d'un ensemble palatial qui prétendait rivaliser avec les constructions d'Isfahan. Transformée en prison sous les Pahlavi, puis occupée par la police, la citadelle abrite de nos jours les services du Patrimoine de la région de Chiraz.

En ce qui concerne les fortifications, l'un des sites les plus impressionnants que l'on puisse voir à présent est la forteresse de Bam, dans la province de Kerman. Probablement fondée dès l'époque sassanide, cette forteresse possède des vestiges remontant au XIIe siècle ; la plupart des structures sont cependant beaucoup plus tardives (époque safavide et postérieure). Un rempart de plusieurs centaines de mètres, scandé de 36 tours, encercle la ville basse, dominée par la citadelle. À l'intérieur de cette dernière se trouve une résidence fortifiée à son tour, connue sous le nom de *Chahâr-fasl*, les « Quatre saisons ». La citadelle fut désertée une première fois en 1722, en raison de l'invasion afghane ; elle comptait alors 11 000 âmes. Plus tard, en 1794, elle fut la scène de la défaite de Lotf 'Ali Khân Zand, à la suite de quoi la citadelle se vida à nouveau de ses habitants.

Un exemple de fortification d'un tout autre type est fourni par le village de Yazd-e Khâst, situé sur la route entre Chiraz et Isfahan, que Jane Dieulafoy découvre avec étonnement :
« Au milieu d'une vallée fertile divisée en une multitude de jardins et de champs, émerge brusquement un rocher, de forme oblongue, mesurant environ cinq cents mètres de longueur sur cent soixante-dix de largeur. Il est couvert de maisons, dont les murailles semblent prolonger les parois verticales de l'escarpement. Cette forteresse naturelle, mise en communication avec la partie la plus élevée de la plaine au moyen

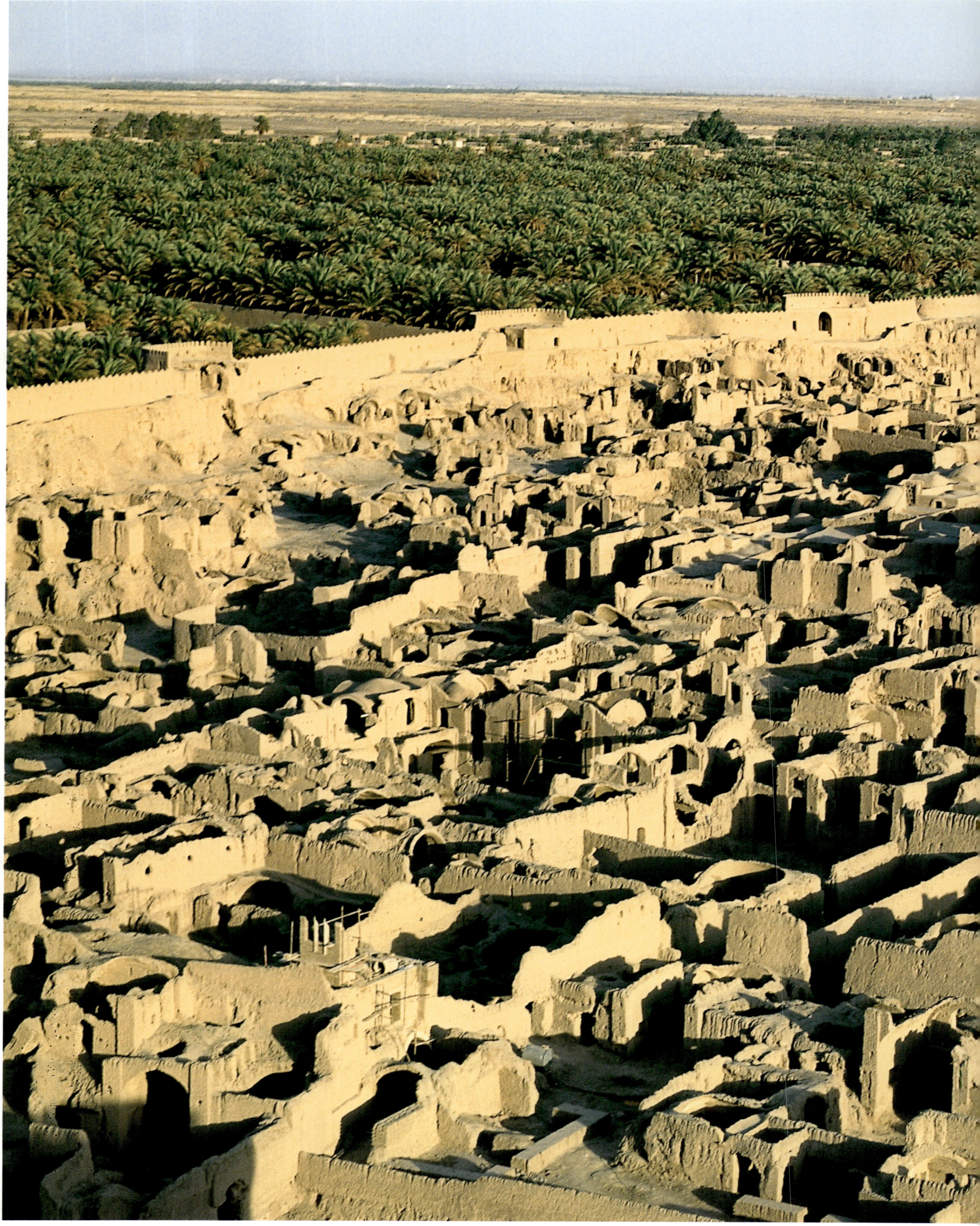

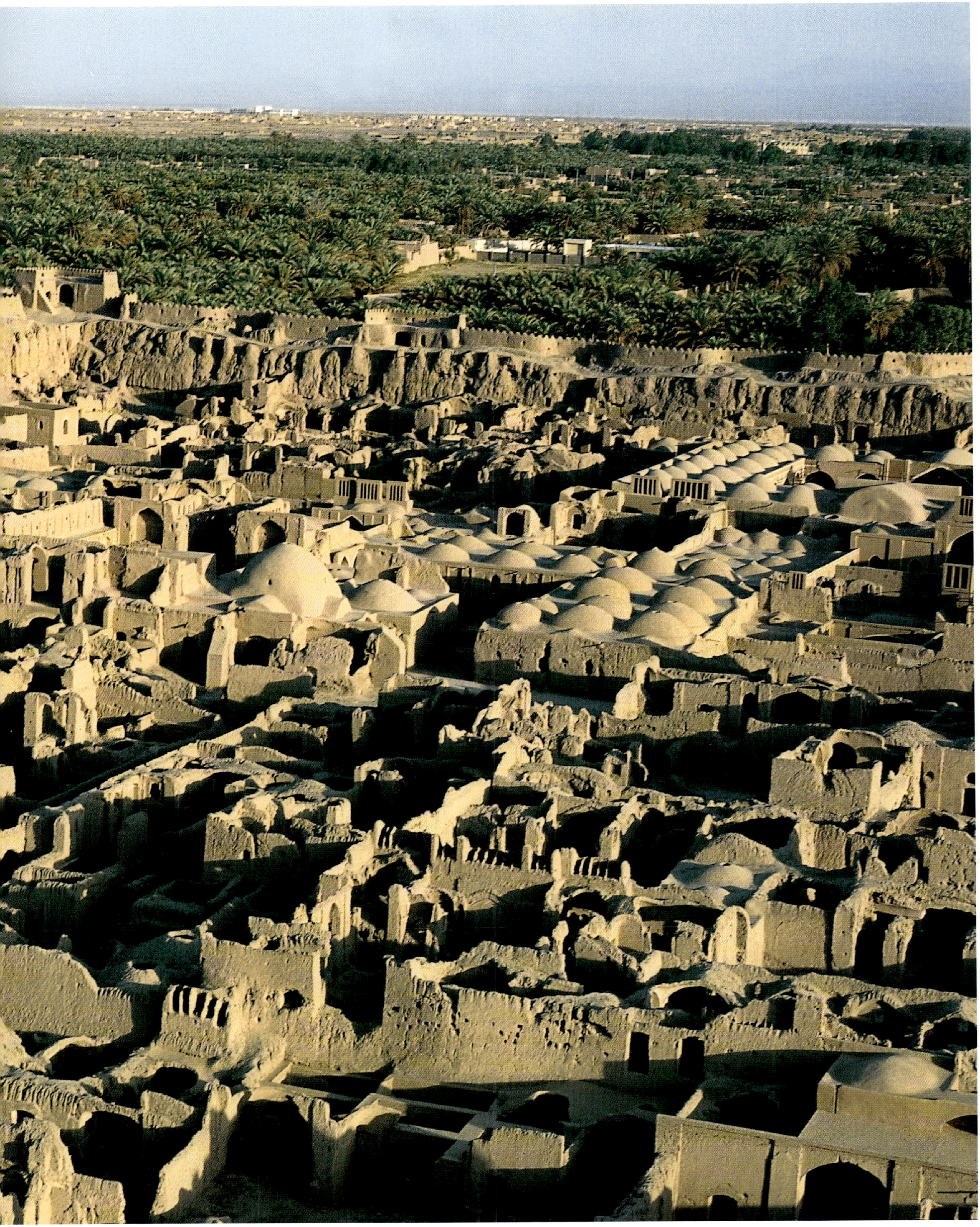

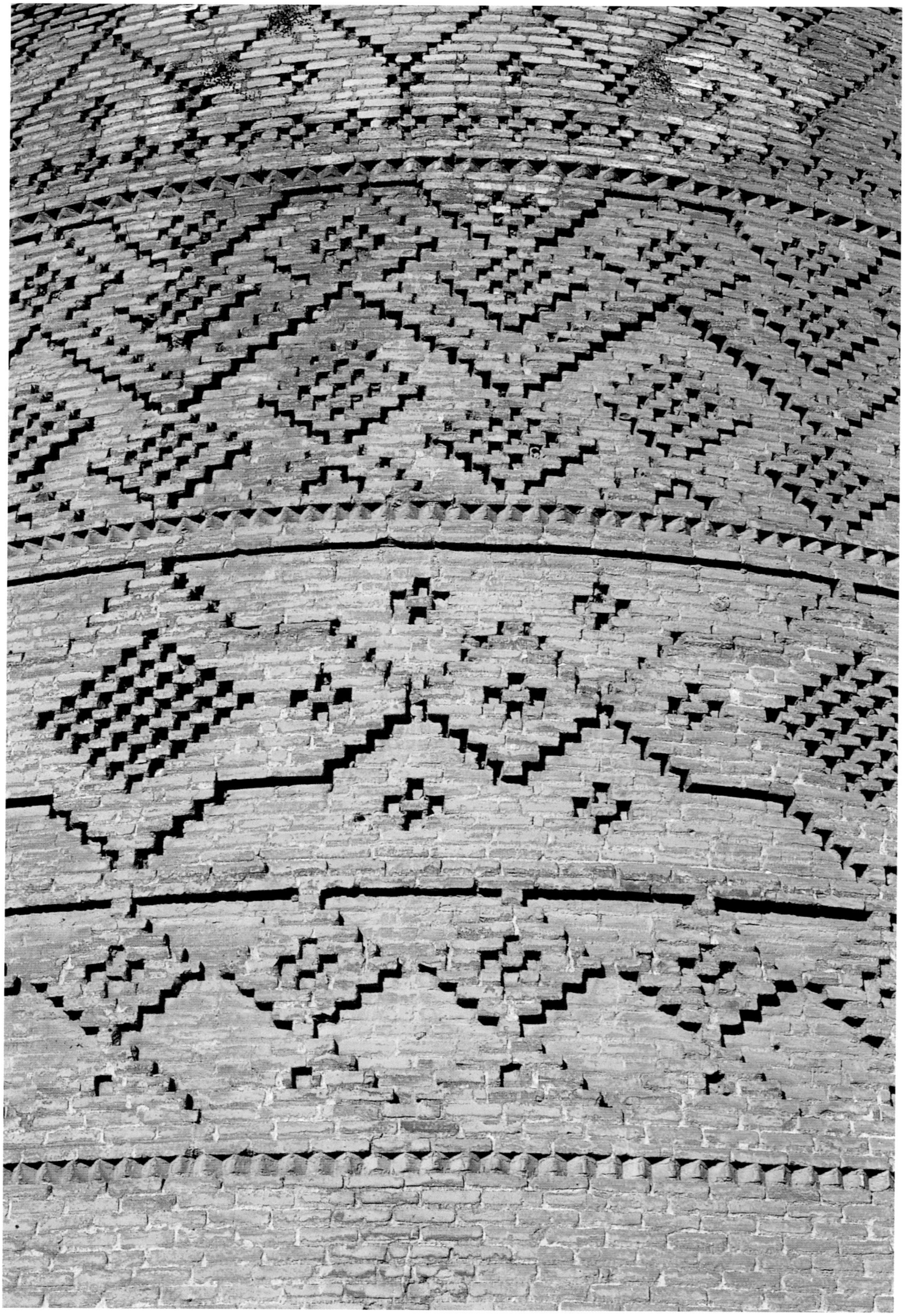

Chiraz. La citadelle de Karim Khân Zand, Arg, XVIIIᵉ siècle.
À GAUCHE Détail d'une des tours de la citadelle.

4. J. Dieulafoy, pp. 345-346.

d'un pont-levis, est traversée à l'intérieur par des rues parallèles à l'axe longitudinal du rocher. Les maisons s'éclairent toutes sur la campagne ; l'élévation des fenêtres au-dessus de la plaine, l'éloignement des crêtes environnantes, la nécessité d'aérer les habitations, trop serrées les unes auprès des autres, expliquent cette infraction aux usages du pays[4]. »

Parfois, le « mur » est simplement composé de toile, comme le précise, vers 1404, l'ambassadeur castillan Clavijo :

5. Clavijo, 1990, p. 220.

« Le pavillon était entouré par une enceinte, comme en ont les cités et les châteaux, mais elle était faite de pièces de tissus de soie entremêlées (…) Cette enceinte circulaire pouvait faire trois cents pas de diamètre et sa hauteur équivalait à celle d'un homme à cheval (…) Ces gens appellent cette enceinte *serpedeh* [*sarâparde*] [5]. »

Ce système de cloisons mobiles, aisément transportable, était surtout utilisé lors des déplacements de la cour. On pouvait ainsi reconstruire, au beau milieu de la campagne, une véritable ville de toile, avec ses allées publiques et ses enclos réservés. Une magnifique miniature en double page, conservée dans un album du palais de Golestân à Téhéran, montre le sultan Hoseyn Mirzâ entouré de ses femmes dans un jardin « naturel » ; une cloison de toile – nommée *sarâparde* dans l'inscription qui la décore – sépare le prince et ses femmes des musiciens et des serviteurs mâles qui préparent le repas[6].

6. Palais du Golestân, Téhéran, album dit *Moraqqa'-e Golshan* ; peinture attribuée à Behzâd, Hérat, vers 1485 ; reproduit dans Binyon, Wilkinson et Gray, pl. coul. LXVII.

PALAIS ET JARDINS ROYAUX

Mes pas ont suscité des prestiges anciens…
Leconte de Lisle

Un jardin est à la fois un paysage architecturé par l'homme, un enclos planté d'arbres ou encore un espace agrémenté de plantes sur le devant ou le côté d'une habitation. Dans le vocabulaire persan, des distinctions se font en fonction des espèces plantées : *golestân* : la roseraie ; *sarvestân* : jardin de cyprès ; *nâranjestân* : orangeraie ; *bustân* : le verger.

Du point de vue fonctionnel, on distingue plusieurs catégories de jardins : 1) les jardins attachés aux palais urbains, 2) les jardins péri ou extra-urbains qui tiennent lieu de résidence royale lors de déplacements, 3) les enclos funéraires. À ces trois catégories bien définies on pourrait ajouter celle du jardin « d'agrément » ou de « jardin public », bien que cette dernière notion soit de toute évidence inconnue avant des périodes très récentes. On pourrait ajouter aux catégories citées celle des espaces plantés devant les maisons et les cours intérieures. Comme on peut le remarquer d'après les peintures de manuscrits, les terrasses (devant une maison, dans un espace ouvert, ou dans l'intérieur d'un palais) forment souvent une zone de transition entre l'espace construit (habitation) et l'espace ouvert (jardin « naturel »). La place accordée aux bassins et aux jeux d'eau y est souvent importante.

Plusieurs traités persans sur l'agriculture consacrent une partie aux jardins ; en particulier, un traité rédigé en 1515 comporte un chapitre sur le jardin d'agrément quadripartite (*chahâr-bâgh*) avec pavillon[7].

7. Il s'agit du chap. 8 du *Ershâd-e Zerâ'at* de Mirak Seyyed Ghiyâth ; voir Ziva Vesel, « Les traités d'agriculture en Iran », *Studia Iranica* 15, 1 (1986), pp. 99-108 et les études de M. E. Subtelny citées dans la bibliographie.

Depuis l'époque achéménide et jusqu'à l'aube du XXe siècle, les souverains iraniens ont conservé une certaine habitude de nomadisme, changeant de résidence au gré des

À DROITE Bam.
HAUT la citadelle vue de la ville basse.
BAS entrée de la citadelle.

PALAIS ET JARDINS DE PERSE 77

saisons. Ainsi, les Achéménides résidaient à Suse en hiver et à Ecbatane en été, Persépolis jouant le rôle d'une capitale symbolique notamment à l'occasion du Nouvel An (*Nowruz*). Cette habitude se retrouve à toutes les époques ; J.-B. Feuvrier, médecin de Nâser al-Din Shâh entre 1889 et 1892 notait à ce propos :
« Le shâh est absent de sa capitale, chaque année, du milieu du printemps au milieu de l'automne. Il passe l'époque des chaleurs dans ses palais des environs ou en voyage, transportant son camp tantôt d'un côté, tantôt de l'autre, à sa fantaisie, mais le plus souvent sur les hauts plateaux et dans les fraîches vallées des montagnes de l'Elbourz[8]. »

Ce changement constant de résidence implique évidemment la construction de nombreux édifices dans des localités variées. Le palais, symbole et lieu du pouvoir, construction civile et dynastique, ne jouit pas de la protection que l'on accordera plus volontiers à des édifices religieux. De plus, ces édifices sont souvent dus au caprice personnel d'un prince ; de ce fait, les éventuels successeurs du prince auront tendance à ignorer ou à transformer les résidences de leur prédécesseur. Ces facteurs justifient – du moins en partie – que les palais soient, d'une manière générale, beaucoup moins bien conservés que les édifices religieux.

Le jardin-paradis – qu'il s'agisse d'enclos de chasse ou de jardins d'agrément – constitue depuis l'Antiquité un privilège royal. Nous en connaissons les traces pour les époques anciennes : depuis le temps des Achéménides jusqu'au XVIe siècle, les ruines ou les témoignages ne manquent pas pour illustrer une histoire d'une remarquable continuité. Cependant, rares sont les jardins historiques à nous être parvenus intacts ; lorsque leur tracé n'a pas été modifié ou grignoté par l'urbanisme croissant, ce sont les aménagements récents de voirie, d'éclairage ou même des simples plantations qui en ont changé le visage.

Très peu de palais antérieurs au XVe siècle sont conservés dans le monde musulman. La plupart, comme à Samarra ou en Afghanistan, ne sont connus que par des vestiges révélés lors de fouilles archéologiques. Sans doute donnent-ils une idée de ce qu'étaient les multiples palais de Bagdad de l'époque pré-mongole, tous disparus, que nous ne connaissons que par des témoignages littéraires.

Des frontières de la Turquie jusqu'à l'Inde, les conceptions de l'espace réservé aux princes sont – on peut le supposer – fort différentes. L'utilisation remarquable de l'eau, dans le double but de l'irrigation et de l'agrément, ainsi que l'emploi de décors notamment en céramique, semblent néanmoins des traits d'union qui relient l'architecture palatiale dans l'ensemble de l'aire musulmane.

L'architecture des palais persans, telle qu'on peut l'observer en particulier à l'époque safavide, semble être conçue pour mettre en valeur la figure du prince et lui offrir, depuis un luxueux écrin, une perspective attrayante. Ainsi, l'ensemble des constructions paraît souvent s'organiser comme une série de décors de théâtre dans lesquels le roi se montre lors des audiences et d'où il peut observer à loisir, grâce à une position légèrement surélevée, les allées qui mènent vers sa royale personne. En cela, les jardins qui entourent et précèdent l'arrivée au pavillon royal jouent un rôle essentiel ; les longues avenues bordées de bosquets et de plates-bandes fleuries que le visiteur doit traverser avant de rencontrer son auguste hôte permettent non seulement de donner à ce visiteur un aperçu de la richesse du souverain, mais créent également, par la durée du parcours, une attente qui fait de l'entrevue royale un moment paroxystique.

8. J.-B. Feuvrier, 1900, p. 219.

Paradis achéménides

On n'a qu'une idée bien approximative de l'aspect que devaient avoir les jardins de souverains achéménides (550-330 av. J.-C.). Sans doute l'un des plus anciens sites qui nous soit parvenu est la ville-palais de Pasargades, au nord de Persépolis, où les traces d'un jardin sont encore discernables. L'ensemble de palais et jardins peut sembler un assemblage hétéroclite d'éléments étrangers ; à ce sujet, R. Ghirshman écrit :
« Pasargades est une vaste manifestation d'un art perse dont les premiers pas nous échappent encore. Tout composite qu'il est avec ses taureaux ailés assyriens, ses orthostates hittites, sa polychromie babylonienne et ses symboles égyptiens, il est essentiellement l'image de la culture nationale qui atteignait déjà un degré élevé. Tout ce qui est venu du dehors est refondu, transposé, cohérent et équilibré, et forme un art nouveau (…) Chaque détail, qu'il soit original ou de provenance étrangère, est traversé par le souffle iranien et, pour beaucoup de savants, l'art de Pasargades est une réalisation plus grande même que Persépolis[9]. »

9. R. Ghirshman, *L'Iran des origines à l'Islam*, p. 130.

Ce qu'il y a d'assez remarquable dans cette observation, c'est l'extraordinaire capacité des Iraniens à adopter et à assimiler des éléments étrangers qu'ils s'approprient de manière définitive dans leurs réalisations artistiques. Ce « trait de caractère national » se poursuit tout au long de l'histoire de ce pays, et jusqu'à nos jours !

Strabon décrit Pasargades comme l'endroit où se trouve le tombeau de Cyrus, « une tour de taille très ordinaire, cachée par un bouquet d'arbres, dans un *paradeisos*[10] ». Après avoir franchi le mur d'enceinte, on se trouvait dans un jardin dont le tracé était délimité par des canalisations de pierre, encore visibles de nos jours, et qui forment devant le palais un vaste rectangle découpé en quatre parterres. Cette division quadripartite, appelée plus tard *chahâr-bâgh* (« quatre jardins ») deviendra tout à fait emblématique du jardin persan. Ces canalisations sont interrompues à espaces réguliers par des petits bassins carrés ; ceux-ci permettaient de réguler la circulation de l'eau, tout en provoquant de variations du débit de l'eau en profondeur et en vitesse et produisant de la sorte un spectacle à la fois visuel et sonore.

10. Strabon, Géographie, XV, 3-7.

La conception du jardin de Pasargades mêle habilement l'utilisation d'une denrée rare : l'eau, employée à la fois pour l'agrément et pour l'irrigation. Cette conception du jardin irrigué aura une influence considérable non seulement dans les créations persanes postérieures, mais également bien au-delà des frontières de l'empire perse, grâce aux descriptions transmises par les auteurs grecs. Ainsi, Xénophon rapporte par exemple que Cyrus le Jeune montra à Lysandre son « paradis » de Sardes :
« Lysandre admirait comme les arbres en étaient beaux, plantés à égale distance, les rangées droites, comme tout était ordonné suivant une belle disposition géométrique, comme tant d'agréables parfums les accompagnaient dans leur promenade[11]. »

11. Xénophon, *Économique*, pp. 48-51.

Quelques-uns des traits essentiels du « jardin persan » apparaissent déjà clairement ici : les allées d'arbres alignés, l'ordre symétrique et le parfum des fleurs.

Une inscription royale de fondation, au nom de Darius, trouvée par la Délégation archéologique française lors des fouilles du palais de Suse montre en fait la complexité des apports et la diversité des matériaux qui ont fait, pendant près de deux siècles, la grandeur de l'art achéménide :
« Ceci est le palais que j'ai construit à Suse. De loin son ornementation fut apportée. Le sol fut creusé jusqu'à ce que j'atteignisse le lit du sol. Après que le sol eut été creusé, avec

PAGES SUIVANTES Persépolis.
Seuls des bases et des fûts de colonnes, ainsi que l'encadrement de portes, subsistent du palais du Roi des rois.

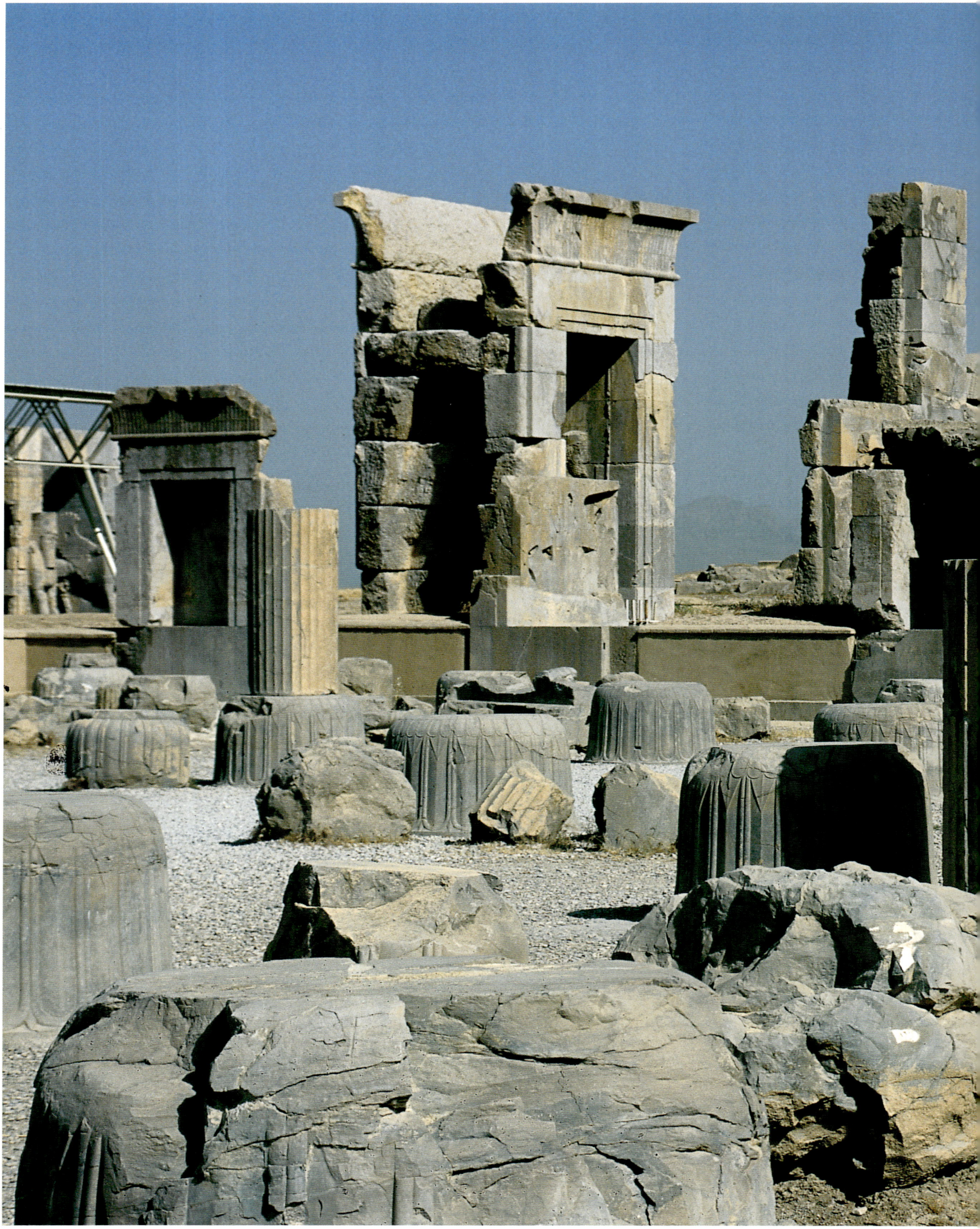

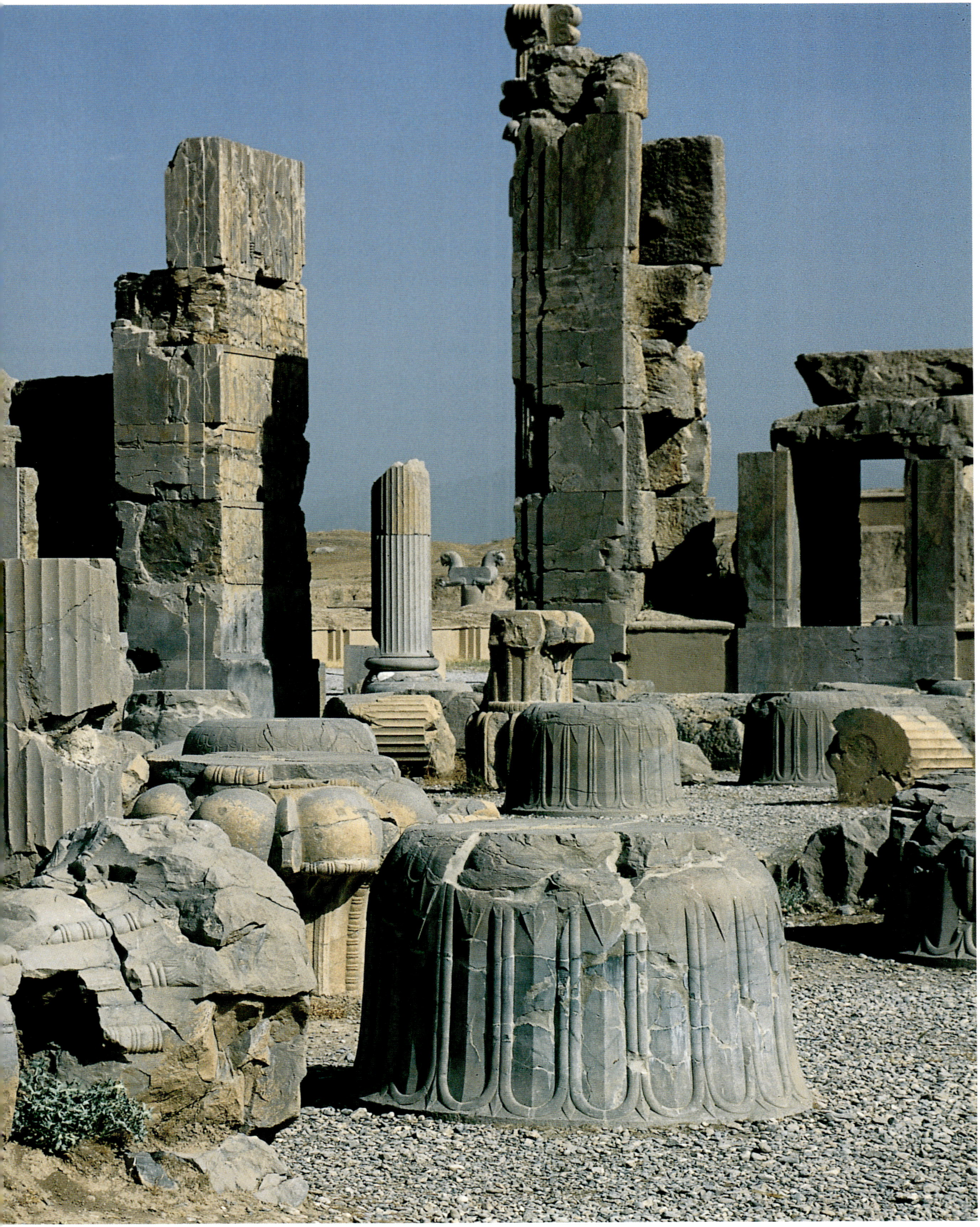

Persépolis. Bas-relief montrant la garde royale.

du gravier il a été remblayé, par endroits jusqu'à 40 coudées, par endroits jusqu'à 20. Sur ce gravier fut construit le palais. Et ce qui était creusé dans la terre et remblayé avec du gravier et moulé dans les briques crues, c'est le peuple des Babyloniens qui l'a accompli ; le bois de cèdre fut apporté de la montagne appelée Liban ; le peuple des Assyriens l'a transporté jusqu'à Babylone, et de Babylone à Suse c'étaient les Cariens et les Ioniens qui le transportèrent. Le bois de sissoo fut apporté du Gandhara et de Caramanie. L'or employé ici fut apporté de Sardes et de la Bactriane. Le lapis-lazuli et le cinabre employés ici furent apportés de la Sogdiane. La pierre de turquoise fut apportée de Chorasmie. L'argent et le cuivre employés ici furent apportés d'Égypte. Les ornementations qui décoraient les murs furent apportées d'Ionie. L'ivoire employé ici fut apporté d'Éthiopie, de l'Inde et de l'Arachosie. Les colonnes en pierre employées ici furent apportées d'une ville nommée Abiradush en Élam. Les artisans qui sculptèrent la pierre étaient les Ioniens et les Sardiques. Les orfèvres qui travaillaient l'or étaient les Mèdes et les Égyptiens. Ceux qui faisaient des incrustations étaient des Sardiques et des Égyptiens. Ceux qui faisaient des briques émaillées avec des figures étaient des Babyloniens. Et les hommes qui ont paré les murs étaient les Mèdes et les Égyptiens. Ici, à Suse, une œuvre splendide a été ordonnée ; elle a été réalisée d'une façon magnifique. Qu'Ahuramazda me protège, ainsi que Hystaspe, mon père, et mon pays[12]. »

12. Cité d'après R. Ghirshman, pp. 160-161.

Persépolis

C'est en 512 avant J.-C., à peine les travaux de Suse terminés, que Darius Ier décide de construire une nouvelle capitale à Persépolis, un site adossé à la montagne du Kuh-e Rahmat se trouvant à quelques kilomètres au sud de Pasargades. La construction de l'ensemble, connu en persan sous le nom de « Trône de Jamshid » – *Takht-e Jamshid* – du nom d'un roi légendaire, s'étala en réalité sur cent cinquante ans, jusqu'à la destruction du site par le jeune Alexandre de Macédoine.

On accède au titanesque terrassement par un escalier monumental à double volée ; on se trouve alors face au tripylône, gardé par des taureaux anthropomorphes, appelé « Porte de toutes les nations » ou Porte de Xerxès ; une inscription cunéiforme trilingue déclare ici :
« Je [suis] Xerxès le grand roi, le roi des pays ayant de nombreuses sortes d'êtres humains, le roi sur cette grande et vaste terre, le fils de Darius le roi, l'Achéménide. Xerxès le Roi dit : Par la grâce d'Ahura cette Antichambre de tous les pays, je la bâtis. Beaucoup d'autres belles choses furent faites dans ce [palais de] Persépolis que je fis et que mon père fit. Tout ce qui a été et paraît beau tout cela par la grâce d'Ahura Mazda nous le fîmes[13]. »

13. A. Shapur Shahbazi, *Persépolis illustré*, 1976, p. 14.

Plus au sud se trouve la grande salle hypostyle appelée Apadana, à laquelle on accède par de superbes escaliers ornés de reliefs montrant notamment la procession des tributaires : chaque nation conquise y est dépeinte apportant au Grand Roi les présents de ses contrées. À l'est de l'Apadana se trouve le Palais aux cent colonnes ; ces deux immenses salles servaient aux cérémonies officielles qui se déroulaient notamment dans ce site à l'occasion du Nouvel An, le Nowruz, fêté le 21 mars avec l'arrivée du printemps.

En réalité, la construction de cette imposante cité-palais de 125 000 m² n'a jamais réellement remplacé les deux anciennes capitales : Ecbatane, la ville-mère des rois Mèdes et Suse, la capitale élamite, auxquelles il faut ajouter Babylone, conquise par Cyrus – que la

84 PALAIS ET JARDINS DE PERSE

Bible nomme « L'Oint du Seigneur », car il libéra les Juifs de captivité. Par ailleurs, alors que l'on connaît les célèbres « Jardins suspendus » de Babylone, l'une des Sept Merveilles du monde, de même que l'existence de jardins au palais de Chaour à Suse (ainsi que ceux de Pasargades, déjà mentionnés), on ne sait pratiquement rien des jardins de la ville royale de Persépolis. On peut du moins admirer, sur les bas-reliefs des palais, les rangées de pins, les rosettes et les bourgeons de lotus qui ponctuent les décors muraux.

Ctésiphon : le palais par excellence

« Holà ! mon cœur, regarde bien ! tu sais profiter des exemples :
donc trouve un avertissement dans le palais de Ctésiphon !
Un jour, suivant le bord du Tigre, arrête devant Madâ'en ; et sur la terre de ces lieux,
répands le fleuve de tes larmes.
Vois donc comment il a brûlé, le grand fleuve, au feu du regret ! Entendis-tu parler
d'une eau qui se consume dans le feu ?
Avec des mots mêlées de pleurs, invoque parfois ce palais ; tendant l'oreille de ton
cœur, peut-être entendras-tu réponse ?
Chacun des créneaux du palais t'enseignera quelque précepte ; de tout ton être,
écoute-le, car il sera nouveau pour toi :
« Être humain formé de limon ! nous sommes terre comme toi ; sur nous fais donc
deux ou trois pas ;
laisse tomber deux ou trois pleurs. Vraiment de ses lamentations le hibou nous a fatigués ;
pour apaiser notre douleur, de ton œil verse le dictame !
L'injustice a sévi sur nous qui fûmes palais de justice : quel opprobre doit donc subir
le palais du monarque injuste ? »...
Tu ris de mon œil qui pleure ; et tu dis : « Pourquoi ces larmes ? » Mais on mépriserait
un œil qui resterait sec en ces lieux !...
Voici ce palais dont le seuil semblait une vaste peinture quand les sujets s'y prosternaient,
les jours d'audience royale.
La voici, cette auguste cour dont le prince avait pour esclaves le souverain de Babylone
et le maître du Turkestan...
Ici la terre ivre a tremblé ! mais elle but, au lieu de vin, dans le crâne du roi Hormoz
le sang du cœur de Khosrow.
Ces rois dont la table s'ornait de fruits d'or sur des tapis d'or s'en sont allés au vent,
d'un coup, se confondant avec la terre.
« Où donc ont fui, me disais-tu, toutes ces têtes couronnées ? » La terre, s'engraissant
des morts, reste féconde pour toujours !
Ce vin qu'offre le vigneron, c'est le sang du cœur de Chirine ; de la cendre du roi Parviz
est formée la rustique jarre ;
Avec le sang de ses enfants, elle se farde le visage, la vieille femme aux blancs sourcils,
la mère aux mamelles fatales ! »
Khâqâni (1106- c. 1200)[14].

14. Traduction H. Massé, *Anthologie persane*, pp. 63-64.

L'architecture palatiale sassanide s'inscrit au départ dans la continuation des traditions de l'époque séleucide (305-64 av. J.-C.) et parthe (250 av. – 224 ap. J.-C.). Jusqu'à la fin

À GAUCHE *Persépolis.*
HAUT *procession des porteurs d'offrandes ; escalier de l'Apadana.*
BAS *Homme portant une fleur de lotus.*

du IIIe siècle, les bâtiments en gros éléments de pierre de taille bien appareillées se poursuivent. Cependant, dès les débuts de la dynastie on voit également se développer la construction en blocage à moellons liés avec du plâtre, comme au palais de Firuzabad, construit sous Ardachir (226-241). Cette technique est également employée dans la construction du palais de Shâhpur Ier (241-272) à Bishâhpur, où la grande salle couverte dans sa partie centrale d'une coupole comprend quatre *eyvân*, formant un plan cruciforme[15]. La période sassanide voit en effet se développer les techniques de la voûte et de la coupole sur base carrée, avec des essais notamment concentrés dans l'architecture palatiale.

15. R. Ghirshman, pp. 312-313.

Les ruines du palais de Ctésiphon, la plus gigantesque des résidences royales sassanides, couvrent une superficie de 12 hectares comprenant l'édifice que nous connaissons sous le nom de Tâq-e Kasrâ, « l'arc de Khosrow », ou d'Eyvân-e Kasrâ, « l'*eyvân* de Khosrow », ainsi que quelques restes d'un édifice situé à l'est de celui-ci, à une distance d'environ cent mètres, un tell, appelé Haram-e Kasrâ, au sud, et au nord, des décombres qui se cachent sous un cimetière moderne.

Tâq-e Madâ'en, « L'arche de Ctésiphon », chantée par les poètes, est, dans la description de nombreuses résidences princières d'époque musulmane, la métaphore obligée du palais royal iranien. Ctésiphon était la capitale de l'empire sassanide ; le palais, construit selon les uns à l'époque de Shâhpur Ier, selon d'autres auteurs durant le règne de Khosrow Ier (531-579), suscita l'admiration de ses contemporains. Malheureusement, il ne reste de ce palais que l'arche centrale – un *eyvân* large de 25,50 mètres, déployant un arc en chaînette culminant à 34 mètres sur 43 mètres de profondeur – qui était flanqué à l'origine par des corps de bâtiment des deux côtés. Les fouilles du monument ont révélé d'importants vestiges de décor, comportant des plaques de marbre, des fragments de stuc et des nombreuses tesselles de mosaïque dont certaines à feuille d'or ; ces fragments permettent de se faire une vague idée de la somptuosité du décor architectural. Un poète arabe du IXe siècle décrit dans son *divân* que le palais était orné de représentations du

HAUT Le palais de Ctésiphon (Irak), période sassanide, Bridgeman.

siège d'Antioche effectué par Khosrow Ier en 538. À ces décors figurés devaient s'ajouter les tapis et les tentures ; un *vellum* en forme de tente fermait le fond de l'*eyvân*. Lorsque le roi recevait en audience, la tente s'ouvrait et les sujets, séparés du souverain par une balustrade, apercevaient leur monarque sur son trône, flanqué des hauts dignitaires de la cour, une lourde couronne suspendue par une chaîne au-dessus de sa tête. Saint Jean Chrysostome mentionne un souverain sassanide du IVe siècle et dit de lui qu'il portait une barbe dorée et avait l'aspect d'un animal fantastique. La fameuse « Coupe de Chosroès », en verres de couleurs et cristal sertis dans l'or, offre l'image saisissante et lumineuse d'un souverain sassanide trônant dans sa gloire, tel qu'on pouvait le voir au sein de son palais.

Jardins des premiers siècles de l'Islam

Bien qu'il soit fort probable que les grands palais des califes de Damas puis de Bagdad aient été parés de jardins, leur configuration nous est pratiquement inconnue. Certains sites de l'époque 'abbasside comme Samarra, au nord de Bagdad, qui servit de résidence aux califes entre 836 et 892 ont livré de vastes terrains sans doute occupés par des jardins. Ainsi, le palais dit Jawsaq al-Khâqâni couvrait une superficie de quelque 193 hectares, dont au moins 70 devaient être dévolus à des jardins ; rien de précis ne nous est connu en revanche quant à la forme et aux usages de ces espaces sans doute verdoyants et certainement peuplés de toute une ménagerie. Le récit d'une ambassade byzantine reçue à Bagdad en 917 par le calife al-Muqtadir (et transmise par un chroniqueur arabe) nous donne un aperçu de ces splendeurs à jamais perdues :
« Le grand vizir avait ordonné de masser dans tous les espaces, corridors et passages du palais des hommes avec armement complet, de couvrir tous les bâtiments de tapis et de les décorer complètement (…) Partout il y avait des canaux où l'eau coulait. On avait déployé tout ce qu'il y avait de beau dans les trésors en fait d'or, d'argent, de pierres précieuses, de perles et d'objets précieux fabriqués en bois de teck. Puis les envoyés byzantins commencèrent à l'intérieur du palais califien une lente progression destinée à les éblouir davantage à chaque pas. Entrés par la Grande Porte publique (*Bâb al-'amma*), d'où ils avaient pénétré dans la Grande Écurie aux portiques soutenus par des colonnes de marbre, ils y avaient circulé entre deux haies, d'un côté de cinq cents chevaux avec autant de selles d'argent et d'or, de différentes sortes et sans couvertures, de l'autre de cinq cents chevaux avec autant de housses de soie à dessins et de voiles. On les avait ensuite conduits par des passages et des corridors jusqu'à l'espace des Bêtes sauvages, où il y avait toutes espèces de bêtes apprivoisées en troupeau, qui s'approchaient des gens, les flairaient et mangeaient dans leurs mains. Puis on les conduisit vers un palais où il y avait quatre éléphants (…) et deux girafes qui effrayèrent les ambassadeurs. Puis on les mena vers un édifice où se tenaient une centaine de bêtes rapaces et féroces, cinquante rangées à droite et cinquante à gauche, chaque bête tenue par un dompteur et portant des chaînes de fer. Puis on les conduisit vers le nouveau palais, pavillon entre les jardins, au milieu duquel brillait un bassin de mercure [ou dont les eaux étaient semblables au mercure] plus beau que l'argent poli, dont la longueur était de trente coudées ; en face de ce jardin s'en étendait un autre contenant quatre cents dattiers (…) entourés de cédratiers hauts, tous portant des fruits. Puis on les fit entrer dans le palais dit du Paradis où se trouvaient des curiosités et des étoffes en quantité telle qu'on n'aurait su les

dénombrer (…) Puis on les conduisit, après les avoir promenés dans treize palais, dans la cour dite du Quatre-Vingt-Dixième où il y avait grand nombre de valets, revêtus des armures les plus complètes et des plus beaux costumes…[16] »

16. Cité par D. et J. Sourdel, *La Civilisation de l'Islam classique*, p. 335-341.

Les vestiges des palais iraniens des premières dynasties musulmanes (Samanides, Tahérides, Saffarides) sont particulièrement peu nombreux. On connaît un peu mieux ceux de la dynastie Ghaznévide (977-1186), qui régna sur l'est de l'Iran, l'Afghanistan actuel et jusqu'au nord de l'Inde. « Les édifices construits par Mahmud de Ghazni et ses successeurs, dans un territoire désert que les anciens géographes vantaient pour la richesse de ses cultures irriguées et la prospérité de ses installations commerciales, perpétuaient exactement les dispositions typiques qui nous sont connues à Samarra, depuis la perspective axiale adoptée pour le palais royal jusqu'au principe de la juxtaposition, au milieu de jardins et d'esplanades, de demeures d'âges divers correspondant chacune au désir d'un nouveau prince[17]. »

17. D. et J. Sourdel, *La Civilisation de l'Islam classique*, p. 359.

On connaît en effet par les fouilles et par quelques sources l'existence de jardins de l'époque ghaznavide (XIe-XIIe siècle), à Ghazni et à Lashkari Bazar. Ces jardins ont sans doute été les modèles de ceux du Lahore ghaznavide, mais aussi des premiers jardins de Delhi. 'Ayyâz, le favori de Mahmud de Ghazni devint, après la mort de celui-ci, gouverneur de Lahore. Il développa cette ville et l'embellit et, à sa mort (entre 1042 et 1058), il fut enterré au milieu d'un jardin. Ce jardin survécut – dit-on – jusqu'à l'époque de Ranjit Singh, lequel le fit démolir.

'Attâr (c. 1140-1230) donne dans l'un de ses poèmes une description exemplaire du jardin royal tel que le conçoit le poète : non seulement la nature y déploie le faste de ses couleurs, mais s'y ajoutent les parfums des fleurs ou ceux portés par le vent et les sons musicaux du chant des oiseaux. De plus, cette description – qui prépare le lecteur/auditeur à une scène amoureuse – mentionne sous forme de métaphore les noms de Joseph et Zuleykhâ (la « Femme de Putiphar » ; Genèse XXXIX, 12), héros d'une histoire d'amour impossible. Ainsi, dans ce jardin royal où le prince trône comme le soleil sous la voûte étoilée du palais, l'atmosphère est propice à l'éveil de tous les sens :

« En face du palais s'étendait un jardin sublime, révélant dans chacun de ses coins un paradis terrestre.
Toute la nuit le rossignol amoureux n'y pouvait dormir ; il chantait pour la rose la peine de celui qui souffre des épines.
Avec cent gestes coquets la rose s'épanouissait en sourires ; de son enveloppe verte elle émergeait écarlate comme un nouveau-né tout sanglant.
Le vent d'est soufflait aussi vite que courait Zuleykhâ. L'enveloppe de la rose se déchirait comme la chemise de Joseph.
Khezr ayant traversé comme le vent le désert, l'herbe y avait poussé verdissant la campagne.
La foudre et l'éclair avaient aiguisé leur lance ; les nuages avaient lâché bride à la pluie.
Les vertes prairies tendaient leurs mains, chacune renfermant grâce à la pluie cent perles.
La violette baissait la tête en serviteur mais s'apprêtait à baiser ses propres pieds.
L'arbre de Judée tout baigné dans le sang s'insurgeait contre lui-même, avide de son propre sang.
Le narcisse s'était emparé d'une coupe jaune, se nourrissant du lait de la pluie doux comme le sucre.
La tulipe penchait la tête, sa couronne touchait sa ceinture. Le jardin révélait mille

Joseph ; le parfum de sa tunique parvenait jusqu'à Canaan. On entendait sur la prairie les cris délirants des oiseaux retentissant dans la campagne. À l'aube le vent musqué glissait sur l'eau comme une lime ondulant la surface.

On eût pensé : « Voilà la Mer aux Mailles que découvrit Afrâsiyâb », car le vent du printemps tissait des mailles dans l'eau.

Des ruisseaux paradisiaques, dont la moindre goutte était une eau de Khezr, coulaient de tous côtés.

Devant le jardin une arche s'élevait jusqu'à Saturne. Le trône d'Harès était sous son portique.

Le roi Harès siégeait sur ce trône comme un soleil auguste avec la majesté de Salomon. Les serviteurs comme Orion avaient la main à la ceinture ; chacun avait la taille d'un cyprès en marche[18]. »

18. 'Attâr, *Livre divin*, pp. 383-384.

Les jardins timourides

Les jardins de Samarcande représentent l'une des créations les plus originales de la ville rebâtie par Timour à la fin du XIVe siècle. Leur réputation en fera un modèle pour des générations à venir et leurs plans seront copiés de la Perse à l'Inde. Leur éclosion est due, à la volonté du prince, bien sûr, mais aussi, à une situation privilégiée dans une vallée fertile. Timour est avant tout un homme issu de la steppe. Il en a les habitudes, dont celle de ne pas tenir en place, et celle d'apprécier les jardins. En effet, ces derniers sont à la fois des lieux de campement agréables où peuvent séjourner des garnisons entières mais représentent aussi une vitrine montrant, par le luxe de leurs pavillons et la recherche des tracés, le butin des conquêtes.

HAUT Coupe de Chosroès (VIIe s. ?). Cabinet des médailles, BNF.

90 PALAIS ET JARDINS DE PERSE

La situation de Samarcande, près de la rivière Zarafshân (« Celle qui sème de l'or ») et avec ses petits affluents, bénéficie d'un climat propice aux cultures et aux prairies. L'empereur Babour nous renseigne sur les réseaux de canaux qui irriguaient cette plaine fertile ; il écrit que les raisins, les melons, les pommes et les grenades de Samarcande sont excellents. Il ajoute que l'on attribue à Timour cette phrase : « J'ai un jardin qui mesure 30 *yighâch* », c'est-à-dire la distance qui sépare Boukhara de Samarcande ! Ibn Arabshâh, en chroniqueur de l'époque, décrit de manière très poétique la Khâne-ye gol ou « Maison des fleurs », une prairie située à l'est de la ville, hors les murs :
« La prairie est semblable à un tapis d'émeraude sur lequel sont éparpillées les gemmes de jacinthes. »

Ces terres fertiles et arrosées semblent donc être tout disposées à l'architecture de jardins. Pourtant rien n'est plus difficile aujourd'hui que de se faire une idée de l'aspect de ces jardins. Nous avons mentionné déjà des traités d'agriculture, comme le *Ershâd al-zerâ'at* de Mirak-e Seyyed Ghiyâth, composé en 1515, c'est-à-dire, tout de suite après la période timouride ; les reconstitutions proposées à partir de ce texte (notamment par M. E. Subtelny[19]) sont très précises et nous permettent d'avoir une bonne idée de l'extrême variété des essences mises en œuvre.

Le jardin est un rectangle mesurant approximativement 450 sur 320 mètres de côté, orienté nord-sud. Un mur entoure tout le périmètre et se double à l'intérieur d'une rangée de peupliers plantés le long d'un petit canal, puis d'un alignement d'iris ; dans le tiers inférieur du rectangle, côté ouest, se trouve la porte d'entrée. Dans son prolongement, au centre d'un axe de symétrie nord-sud, une terrasse accueille le pavillon (24 m de côté) dont la façade est orientée au nord, et qui se reflète dans un bassin ; de ce dernier coule un canal qui traverse tout le jardin sur le même axe, bordé d'allées pavées de part et d'autre, ainsi que d'une large bande de trèfles. Les plates-bandes du tiers inférieur sont presque entièrement occupées par des arbres fruitiers : pommiers, mûriers, cerisiers, merisiers et figuiers, auxquels se mêlent des arbres de Judée ; une bande de plants de concombre entoure la terrasse, le bord supérieur du tiers étant occupé par des églantiers et des calendula. Le tiers médian est divisé, de part et d'autre du canal, en neuf plates-bandes carrées semées de fleurs dont la floraison se succède au cours de l'année, offrant chacune un parterre de couleurs variées : dans une première plate-bande on trouvera ainsi :
– violettes, iris, roses « à cent pétales », crocus sauvage ;
– dans la deuxième : crocus à safran, narcisse, rose simple ;
– dans la troisième : tulipe de jardin, tulipe de montagne, iris bleus et blancs, anémones ;
– dans la quatrième : jasmin bleu, forsythia, violette jaune, tulipe double et mathiola ;
– dans la cinquième : rose rouge, rose à cinq pétales, rose jaune, jonquille (et d'autres encore) ;
– dans la sixième : rose rose et coquelicots mêlés ;
– dans la septième : jasmin jaune, rose « de six mois », lys, liseron, iris jaune, rose trémière ;
– dans la huitième : rose trémière, jasmin blanc, jasmin de nuit, queue-de-renard ;
– dans la neuvième : tulipe de Chine et amarante.
Le tiers supérieur est occupé, de part et d'autre du canal, par quatre parterres de fruitiers : grenadiers, poiriers, cognassiers et pêchers mêlés de nectarines ; une bande surélevée, à l'extrémité du jardin, accueille des abricotiers et des pruniers régulièrement espacés et ombrageant des roses rouges.

19. M. E. Subtelny, « Mirak-i Sayyid Ghiyas and the Timurid tradition of landscape architecture », *Studia Iranica*, 24, 1995, pp. 19-60.

À GAUCHE
HAUT Yazd-e Khâst. *Les remparts de la citadelle.*
BAS Fabrication de briques crues à Meybod (Yazd) ; au fond, la citadelle.

Hormis les descriptions comme celle que l'on vient de voir, celles des chroniqueurs timourides et celle, précieuse et précise de l'ambassadeur Clavijo, pratiquement aucun vestige de ces « paradis » ne nous est parvenu. Jadis éloignés de la ville, ils ont été depuis absorbés par l'expansion de celle-ci. Quoi de plus fragile en effet que ces parterres semés de fleurs variant suivant les saisons, que ces arbres fruitiers, ces peupliers et ces platanes, quoi de plus précaire que des murs de pisé s'ils ne sont entretenus ! Babour, un siècle après l'époque de Timour, dit en effet du jardin Naqsh-e jahân, « l'Image du monde », situé au-dessus de la rivière Qara-su, qu'il n'en reste désormais que le nom.

Dans cette banlieue de jardins qui ceinture la ville, c'est réellement la recréation du paradis tel qu'il est conçu dans le monde iranien depuis des siècles qui est recherchée. Le jardin idéal s'inspire du Paradis tel qu'il est décrit dans le Coran : de vertes prairies entrecoupées par les quatre rivières qui forment les « quatre jardins » (*chahâr-bâgh*). Or, les jardins de Timour sont - dans le monde iranien – parmi les plus anciens dont on tienne une description, même si celle-ci est parfois sommaire. En effet, les descriptions que l'on trouve auparavant dans la littérature, ou le peu d'éléments archéologiques que l'on a mis au jour, ne nous permettent pas de nous représenter de façon claire le plan des jardins pré-timourides. Les jardins timourides deviennent donc, en quelque sorte, la référence au plan-type du jardin « persan ». Celui-ci se caractérise par son plan centré en *chahâr-bâgh*, ainsi que par l'ordre et la symétrie des allées et des canaux ; l'ensemble est préservé des regards extérieurs par de hauts murs. Ces paradis, qui causent l'admiration des voyageurs, serviront également de modèle à l'empereur Babour. En effet, pendant les quatre années qu'il régnera en Inde, il fera bâtir quantité de parcs fleuris et de vergers. Les descriptions de ses jardins indiens sont également précieuses car ceux-ci sont, en réalité, une tentative visant à recréer en Inde les paradis de Samarcande. La dernière demeure du fondateur de la dynastie mogole sera le « Jardin de Babour » qui se trouve à Kaboul et a été conservé (dans quel état ?) jusqu'à nos jours. Ses descendants, les Grands moghols, porteront l'architecture du jardin jusqu'au sublime. Shalimar à Lahore ou Nishat à Srinagar, entretenus pour notre bonheur jusqu'à ce jour, sont les témoins d'espaces conçus dans l'esprit « timouride ». C'est encore ce modèle qui sera adopté par les Safavides d'Iran, dans leurs palais de Qazvin ou d'Isfahan. Au XIXe siècle, à l'époque qâjâr, les jardins persans se souviennent encore de ceux de Timour.

Contrairement à ce que l'on pourrait penser, la symétrie du tracé, le soin apporté à la régularité des canaux, des jets d'eau et des cascatelles, la délicatesse des bordures fleuries, n'empêchent pas le jardin de servir à la fois de terrain de campement pour l'armée et de verger pour les princes et leur suite. Chaque partie du jardin est réservée à un usage particulier : la périphérie à l'armée, le centre au roi et au harem, la zone intermédiaire aux hommes de la cour. L'impression générale de ces jardins « en activité » devait donc surtout frapper par son joyeux désordre !

La Samarcande de Timour, enfermée par des remparts et des douves, est entourée de treize ou quatorze jardins, dans lesquels se trouvent pavillons et palais d'été. On y accède par des avenues bordées de peupliers ou de platanes. De hauts murs les protègent des regards étrangers. Le plan centré de la plupart de ces jardins s'organise autour d'une plate-forme où convergent quatre canaux formant une croix. Ils divisent ainsi l'espace en « quatre jardins ». Babour nomme six jardins construits par Timour : le *Bâgh-e Boland*, « Haut-jardin », le *Bâgh-e delgoshâ*, « Celui-qui-ouvre-le-cœur », le *Naqsh-e jahân*, « l'Image du monde », le *Bâgh-e chenâr*, « Jardin du platane », le *Bâgh-e shomâl*, « Jardin du Nordé » et le *Bâgh-e behesht* ou « Jardin du paradis ».

Après avoir été reçu par Timour au jardin *Delgoshâh*, à l'est de la capitale, l'ambassadeur castillan Ruy González de Clavijo décrit avec émerveillement l'ouvrage d'entrée monumental de ce « paradis », orné d'azur et d'or ; il poursuit sa route parmi les tentes de soie où se prélassent des princes. Ayant franchi plusieurs enceintes, il arrive enfin, au milieu du jardin, devant le pavillon du souverain, de plan carré, dont les « murailles » sont, d'après le chroniqueur Sharaf al-din Yazdi, « revêtues de carreaux de Kâshân ». C'est aussi dans un jardin que Clavijo est logé à Samarcande : le *Gol-bâgh* ou « Jardin des roses » ; voici comment l'ambassadeur décrit sa résidence : le jardin est entouré de hauts murs et agrémenté d'arbres de toute sorte. Six grands bassins sont alimentés par des canaux qui font le tour du jardin. Cinq allées principales et d'autres plus petites relient les bassins entre eux. Elles sont pavées comme des rues et légèrement surélevées. Le centre du jardin est agrémenté d'un promontoire entouré d'eau au sommet duquel prennent place plusieurs bâtiments cachés par une palissade. Le *Bâgh-e now* (« Nouveau jardin »), venait juste d'être achevé lorsque Clavijo arriva à Samarcande. Le luxe de sa décoration, ses dimensions et celles du palais l'impressionnèrent beaucoup. Il dit de ce jardin qu'il est fermé de hauts murs et flanqué de quatre tours ; au centre s'élève un grand palais à plan en croix se reflétant sur un vaste bassin.

Bien que jalousement gardés pendant la présence du prince, les jardins sont ouverts au public lorsque celui-ci n'y est pas. Ainsi, d'après Ibn 'Arabshâh, lorsque Timour était au loin en campagne, les habitants de Samarcande avaient le droit de pénétrer dans ses jardins pour s'y promener et y cueillir des fruits.

Que reste-t-il de ces endroits de rêve ? Comment essayer de se les figurer ? On peut penser que, étant donné que la plupart des architectes qui travaillèrent pour Timour à Samarcande étaient d'origine iranienne, ces jardins devaient être le reflet de leurs modèles persans. De même, ceux-ci ayant inspiré, comme on l'a vu, ceux des Safavides et des Moghols, ces derniers peuvent nous évoquer à leur tour leurs modèles.

Palais et jardins safavides : Le point de vue du prince

La première capitale des Safavides fut établie à Tabriz. Cette ville, proche de l'Empire ottoman, fut maintes fois occupée et saccagée, si bien que peu de monuments d'importance nous sont parvenus pour cette période. Le sort de Qazvin, deuxième capitale, fondée par Shâh Tahmâsp (1524-1576) est meilleur, puisque de nombreuses constructions safavides nous sont connues, même si elles sont souvent défigurées par des restaurations abusives ou des utilisations ultérieures. Mais c'est surtout à Isfahan, la troisième capitale, que l'art safavide éclôt dans toute sa splendeur.

De fondation ancienne, Isfahan a une longue histoire, comme en témoigne le temple du feu d'époque sassanide qui domine la ville du sommet d'une colline. Capitale des Seljoukides (1038-1194) elle a vu se succéder rois et ministres. La ville se regroupait alors autour de la Mosquée du Vendredi. Ce remarquable monument, véritable joyau de l'architecture, recevra au fil des siècles ajouts et embellissements.

En 1598, Shâh 'Abbâs Ier (1587-1629) décide d'abandonner Qazvin pour Isfahan. Il semble que plusieurs projets d'urbanisme aient été alors proposés. Le dessin finalement retenu prévoit un développement de la ville vers les faubourgs situés au sud de la Mosquée du Vendredi. Le point central en sera un immense vide : la « place royale » ou *meydân-e shâh*, également appelée *Naqsh-e Jahân*, c'est-à-dire « L'image du monde », dont le nom reprend celui de l'un des jardins de Samarcande.

Fort heureusement, la plupart des monuments safavides encore conservés ont depuis fait l'objet de restaurations intensives. Le palais des « Huit paradis » a ainsi livré des pans entiers de décor en céramique qui avaient été cachés au XIXe siècle sous des stucs de style rocaille. Les peintures murales de 'Âli Qâpu et de Chehel Sotun ont été soigneusement restaurées. D'autres palais, en revanche, se sont irrémédiablement écroulés dans les premières années du XXe siècle et ce n'est qu'au travers de descriptions ou de gravures que nous pouvons avoir une idée de leur splendeur passée.

Isfahan : l'image du monde

Autour de l'immense place du *Naqsh-e Jahân* s'articulent les principaux bâtiments de la nouvelle capitale : au nord l'entrée du bazar. Lui faisant face, au sud, la mosquée royale (1612) ; à l'est, la mosquée-oratoire de Sheykh Lotfollâh (1602) et, en vis-à-vis, le pavillon de 'Âli Qâpu ou « Sublime porte », qui commande l'entrée d'un complexe palatial : le Naqsh-e Jahân ou « Image du monde ». La conception d'une telle place, avec ses proportions gigantesques, est pour le moins révolutionnaire. Rappelons, à titre d'exemple, que la place de la Concorde n'a été créée que sous Louis XV. Le but d'un tel espace est multiple : il devait servir tour à tour de terrain de polo (sport national s'il en fut) mais aussi pour d'autres compétitions sportives comme le tir à l'arc, ainsi que comme place de marché et de rencontre. D'après un voyageur français du XVIIIe siècle,

« Le Meydân-e Shâh (place royale) peut passer pour une des plus belles places de l'univers. C'est un carré long, qui a sept cent dix pas du Levant au Couchant, et 210 du Midi au Nord. Il est environné d'un canal, dont les bords sont revêtus de pierre noire et luisante. Cette bordure a un pied de haut, et sa largeur est telle que trois ou quatre personnes peuvent s'y promener de front. Le canal se décharge dans un grand bassin polygone, qui est à l'extrémité septentrionale du Meydân. Entre le canal et les bâtiments qui sont autour de la place, il y a un espace de vingt pas, bordé d'une autre banquette de pierre, qui est au pied des maisons. Cet espace est planté de grands arbres, dont la tête s'élève au-dessus des maisons. »

Cette description est d'autant plus intéressante qu'elle nous dépint un état de la place depuis longtemps perdu. En effet, de nos jours la place a été « paysagée » avec une conception qui rappelle plus les ronds-points de nos villes de province qu'un espace proprement safavide.

Plutôt que de grandes constructions imposantes, les palais safavides sont pour la plupart des bâtiments de petites proportions, souvent situés au cœur d'un jardin. Le voyageur romain Pietro Della Valle dit à ce propos :

« Toutes les maisons du roi de Perse que j'ai vues sont bâties sur un même dessin et ornées d'une même façon : c'est-à-dire petites avec plusieurs chambres, mais forts serrées, détachées les unes des autres, avec une infinité de portes de tous côtés. Les murailles de même que les planchers n'en sauraient être plus régulières, outre qu'elles sont enrichies d'or et ornées de peintures, par compartiments, qui doivent leur éclat à la beauté et à la vivacité des couleurs[20]. »

'Âli Qâpu

Le pavillon de 'Âli Qâpu ou « Sublime porte », dominant de sa haute terrasse la place royale, est une exception notable à plusieurs titres. En effet, ce bâtiment, construit en

20. Pietro Della Valle, 1684, II, pp. 191-192.

À DROITE Isfahan. Le pavillon de 'Âli Qâpu ou « Sublime Porte » dont la terrasse domine la « Place royale ».

PALAIS ET JARDINS DE PERSE 95

96 PALAIS ET JARDINS DE PERSE

CI-DESSUS ET À GAUCHE Isfahan. Pavillon de 'Âli Qâpu. Les parties hautes des murs ainsi que les plafonds de la salle supérieure sont garnis de niches découpées aux formes d'arcatures ou de flacons ; en raison de l'acoustique particulière de cette pièce, elle est parfois appelée « salon de musique ».

plusieurs étapes avant d'atteindre l'aspect que nous lui connaissons de nos jours, ne compte pas moins de cinq étages (trois étages principaux et deux niveaux intermédiaires). À l'origine (vers 1590), le bâtiment se trouvait en retrait par rapport à l'alignement de la place ; il présentait alors un plan centré fondé sur une division quadripartite. Par la suite, on y ajouta l'entrée actuelle qui donne sur la place, reliée de part et d'autre à la galerie couverte servant de bazar et entourant complètement le *meydân*. À l'intérieur de ce grand parallélépipède, plusieurs escaliers permettent l'accès aux étages, les pièces nobles se situant au-dessus du deuxième niveau. La grande terrasse, soutenue par d'élégantes colonnes de bois, et s'ouvrant largement sur la place, faisait à la fois office de tribune et de salon où le roi recevait les ambassadeurs ; un bassin creusé dans l'épaisseur du plancher et recouvert de tôle métallique devait rafraîchir la terrasse et enchanter l'oreille pas ses jets d'eau. Deux pièces ouvertes bordent le fond de la terrasse et présentent de belles peintures murales. Au niveau supérieur, une série de pièces est disposée autour d'un salon central, parfois appelé « salon de musique » ; les plafonds de ces pièces présentent de séduisants caissons réalisés en bois recouvert de stuc et adoptant des formes de niche au profil de vases et de bouteilles au long col, le tout étant recouvert des peintures au stuc d'une finesse d'enluminure.

Figueroa, dans son récit publié en 1667, décrit ainsi ces salles :

« Aux deux côtés de cette salle il y a huit chambres, de chaque côté, de douze ou treize pieds en carré chacune, du même travail, et de la même peinture et dorure que la salle. En chaque chambre il y a une petite cheminée prise dans l'épaisseur de la muraille, avec une petite fenêtre garnie d'une jalousie : parce que cette salle a été principalement bâtie pour les dames, qui ont le plus de faveur auprès du roi, qui leur permet de voir là le divertissement, que la cour prend au Meydân, les jours de fête.[21] »

21. G.S. Figueroa, 1667, p. 184.

Le bâtiment lui-même servait également de porte d'enceinte pour l'ensemble de palais situé à l'ouest de la place, le Naqsh-e Jahân. Malheureusement, la plupart des jardins ainsi que leurs palais ont disparu de nos jours ; actuellement, les principaux ensembles qui subsistent sont le pavillon appelé « des Quarante colonnes » (*Chehel sotun*) et celui des « Huit paradis » (*Hasht-behesht*).

Chardin décrit ainsi le passage depuis le pavillon de 'Âli Qâpu vers le centre de l'enceinte royale :

« [Les gardes] ont leur logement en la grande allée où conduit le portail. Ils y ont aussi une petite mosquée dans laquelle ils s'assemblent tous les vendredis, qu'on appelle Towhid-khâne, comme qui dirait maison de culte, ou d'obéissance. Vis-à-vis de ces jardins à main gauche, est le pavillon qu'on appelle Tâlâr-Tavila c'est-à-dire le Salon de l'Écurie, qui est bâti au milieu d'un jardin dont les allées sont couvertes de platanes (…) C'est par cette allée qu'on fait passer les ambassadeurs pour aller à l'audience[22]. »

22. J. Chardin, 1735, pp. 31-32.

Dans le plan de Shâh 'Abbâs, la ville se poursuit à l'ouest du *meydân* par une longue avenue bordée de jardins appelée le Chahâr bâgh ou « Quatre jardins ». Cette avenue est l'axe sur lequel s'articule la cité-jardin palatiale. La distance entre ses deux extrémités – du nord, au niveau des palais, au sud, de l'autre côté de la rivière – est à peu près la même que celle qui sépare le Louvre de l'Arc de Triomphe à Paris. Quoi d'étonnant alors si Pierre Loti dit de cette avenue qu'elle « fut en son temps une promenade unique sur la terre, quelque chose comme les Champs-Élysées d'Ispahan » et il poursuit :

« une quadruple rangée de platanes, longue de plus d'une demi-lieue, formant trois allées droites ; l'allée du centre, pour les cavaliers et les caravanes, pavée de larges dalles régulières ; les allées latérales, bordées, dans toute leur étendue, de pièces d'eau, de

*Isfahan. Place «Naqsh-e Jahân», «L'Image du Monde» ;
au fond, la mosquée royale et, à droite, le pavillon de 'Ali Qâpu, XVIIᵉ siècle.*

plates-bandes fleuries, de charmilles de roses ; et, des deux côtés, sur les bords, des palais ouverts, aux murs de faïence, aux plafonds tout en arabesques et en stalactites dorées[23] ».

On raconte que le jeudi, l'avenue était fermée au public pour permettre aux dames de la cour de s'y promener. Chardin, quant à lui, relate le passage de Shâh Soleymân en ces termes : « Comme dans toutes ces promenades, le roi et sa troupe sortaient et rentraient toujours par cette allée que l'on appelle royale, pour éviter de passer dans la ville. Sa Majesté avait fait accommoder en parterres les grandes allées du milieu qu'on avait remplies de fleurs en des endroits, en d'autres d'herbes odorantes, ce qui joint avec les jets d'eau, et les rangées de grands arbres, faisait un très agréable effet[24]. »

Chehel-sotun

L'élégant palais de Chehel-sotun ou « Quarante colonnes » doit son nom aux vingt hautes colonnes de bois qui ornent sa façade et se reflètent sur le bassin qui lui fait face. En réalité, ce nom de palais est déjà connu avant la réalisation de ce pavillon, par un des palais timourides de Samarcande ainsi que par l'un des pavillons construits pour Shâh Tahmâsp à Qazvin. Ces colonnes supportent un toit formant un porche ou *tâlâr* au-devant du palais. Le plafond est entièrement tapissé de miroirs biseautés encadrés par un jeu de compartiments carrés. Ce porche précède un *eyvân* coiffé d'une demi-coupole aux alvéoles garnies d'éclats de miroir sertis dans une monture métallique. Il donne accès à une grande salle barlongue à triple coupole. De part et d'autre de la grande salle se trouvent deux appartements dont les murs sont ornés de peintures, récemment restaurées. Certaines de ces peintures dénotent déjà une influence européenne. D'autres, dans le style caractéristique de l'école d'Isfahan de la fin du XVIᵉ siècle, ont peut-être été peintes par Rezâ 'Abbâsi, l'un des principaux artistes de la cour de Shâh 'Abbâs. À l'origine, plusieurs panneaux de céramique ornaient les écoinçons extérieurs du palais. Les grands panneaux historiés conservés au Victoria and Albert Museum de Londres ou au musée du Louvre proviennent peut-être de ce palais ; ils reprennent le style des peintures de Rezâ 'Abbâsi sans toutefois en avoir la vigueur. Ces grandes compositions ont donc probablement été effectuées d'après des cartons de ce peintre ou de son école.

23. Pierre Loti, pp. 216.

24. J. Chardin, *Voyage du Chevalier Chardin en Perse et autres lieux de l'Orient.* Nlle éd., Amsterdam, 1735, IV, p. 294.

Le bâtiment illustre avec bonheur la façon dont l'architecture persane unit harmonieusement l'espace extérieur du jardin et celui de l'intérieur, notamment grâce à l'utilisation de l'eau. Un bassin à jet d'eau était en effet placé sous l'*eyvân* et communiquait par une rigole souterraine avec un deuxième bassin placé sous le *tâlâr* à colonnes ; de cette position légèrement surélevée par rapport au niveau du jardin, l'eau se déversait vers celui-ci au moyen de petites cascatelles et d'étroits canaux qui se jetaient ensuite dans le réseau de canalisations qui parcourait le jardin tout autour du grand bassin.

Chardin fait revivre par sa plume les riches heures de ce palais :
« Proche de ces magasins est le grand et le plus somptueux corps de logis de tout le palais royal. On l'appelle Chehel-sotun, c'est-à-dire le quarante piliers, quoi qu'il ne soit supporté que sur dix-huit [20 en fait] ; mais c'est la phrase persane de mettre le nombre quarante pour un grand nombre (…) Ce corps de logis, qui est bâti au milieu du jardin, comme les autres, est un pavillon qui consiste en une salle élevée de cinq pieds sur le jardin, large de cinquante-deux pas de face, et de huit de profondeur, à trois étages l'un sur l'autre (…) Les murs sont revêtus de marbre blanc, peints et dorés, jusqu'à la moitié de leur hauteur ; et le reste est fait de châssis de cristal, de toutes les couleurs. Au milieu du salon, il y a trois bassins de marbre blanc l'un sur l'autre qui vont en apetissant, le premier étant fait en carré de dix pieds de diamètre, et les autres étant en figure octogone. Le trône du roi est sur une quatrième estrade longue de douze pas, et large de huit. Il y a quatre cheminées dans le salon, au-dessus desquelles il y a de grandes peintures qui tiennent tous les côtés, dont l'une représente des batailles de 'Abbâs le Grand contre les Uzbecks, et les trois autres des fêtes royales. Les autres endroits sont peints, ou de figures dont la plupart sont lascives, ou de mauresques d'or et d'azur, appliqués fort épais. Au-dessus du salon tout alentour sont attachés des rideaux de fin coutil, doublés de brocart d'or à fleurs, qu'on tire du côté du soleil en les étendant jusqu'à huit pieds de terre comme une tente, ce qui rend le salon très frais. On ne saurait voir de plus pompeuse audience, que celle que le roi de Perse donne dans ce salon.[25] »

Quelques siècles après, c'est Robert Byron qui assiste à une réception dans ce palais :
« Cet événement a rendu vie au Tchéhel-sotoun, restituant au vétuste pavillon de plaisance sa vocation première de lieu de plaisir. Tendue de tapis, éclairée par des pyramides de lampes et prise d'assaut par des centaines de personnes, la véranda paraissait gigantesque. Ses colonnes de bois et sa voûte décorée assiégeaient la nuit : la niche de verre, au fond, scintillait à travers son filigrane bleu, apparaissait infiniment lointaine[26]. »

Jane Dieulafoy décrit ainsi les jardins qui reliaient jadis le palais de Chehel-sotun à celui des « Huit Paradis » :
« Quand on se rend des Chehel-sotun aux Hasht behesht ou « Huit Paradis », on longe d'abord un bassin qui s'étend entre deux jardins d'un caractère bien persan. Les parcs anglais, avec leurs pelouses de gazon égayées par des corbeilles fleuries ou des bouquets d'arbres ; les jardins français du XVIIIe siècle, avec leurs formes raides et sévères, ne sauraient en donner une idée. Les baghs (jardins), semés sous de hauts platanes émondés jusqu'à la cime, sont de véritables champs couverts de fleurs serrées les unes auprès des autres, sans aucun souci des couleurs ni des espèces. L'aspect de ces longs parterres est étrange, et si, en s'en approchant, on peut leur reprocher un certain désordre, il faut avouer que, vus à distance et au grand soleil, ils produisaient un effet charmant, chaque fleur paraissant alors plus éclatante que les brillants papillons qui les caressent de leurs ailes[27]. »

25. Chardin, 1735, II, pp. 33-34.

26. Robert Byron, p. 227.

27. J. Dieulafoy, pp. 246-249.

Isfahan. Le pavillon de Chehel-Sotun, « Quarante colonnes », se reflétant dans son bassin.

Iṣfahan. Chehel-sotun ; peintures murales sur les façades extérieures. Au registre supérieur, on note, à gauche, un homme vêtu à l'européenne, XVIIe siècle.

Peinture de la coupole centrale du « grand salon » de Chehel-sotun.

Chehel-sotun. L'eyvân à miroirs.
À DROITE *Chehel-sotun. Colonnes supportant le plafond du tâlâr. Les bases des colonnes, en pierre, sont sculptées de lions adossés dont la gueule faisait office de fontaine.*

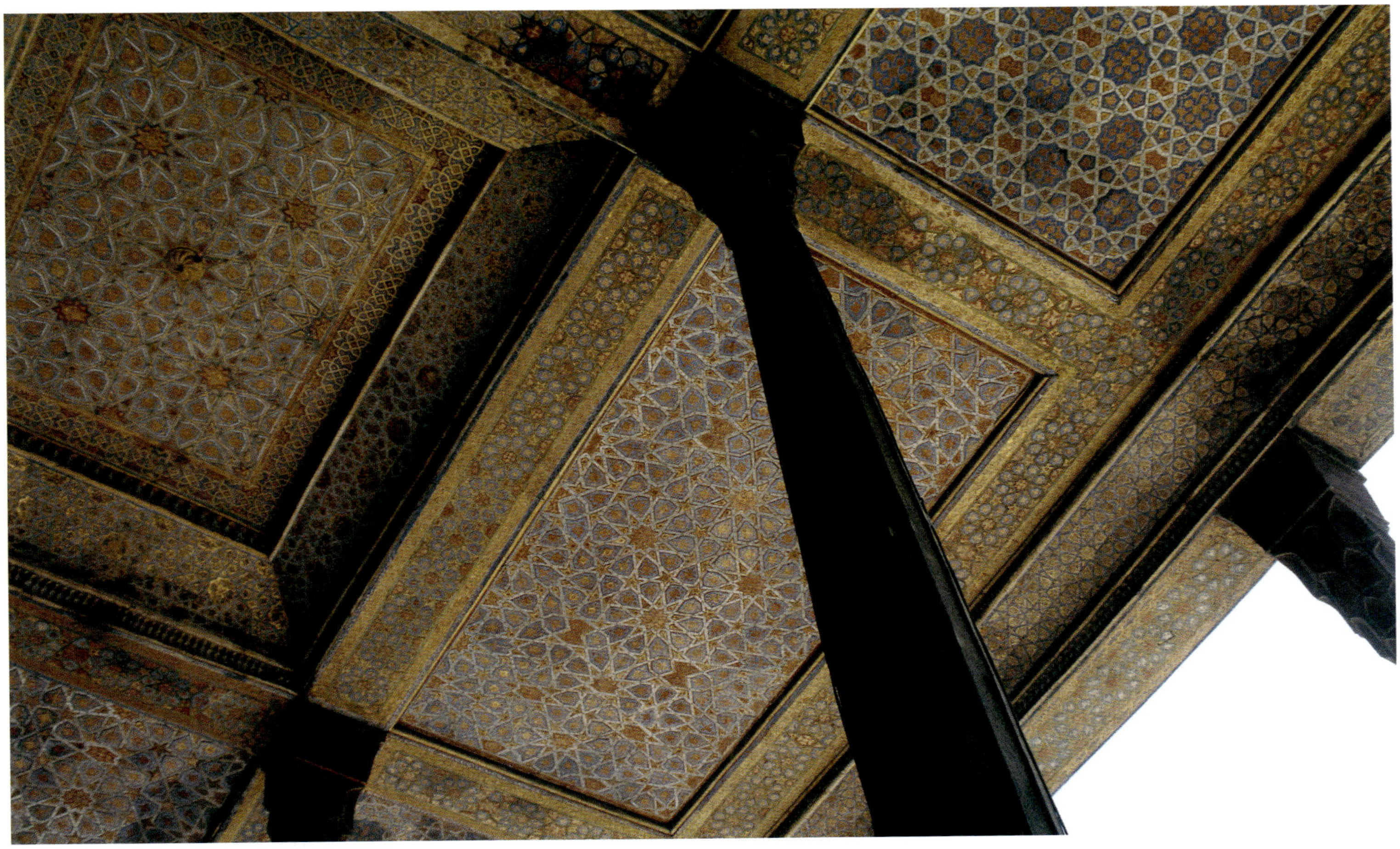

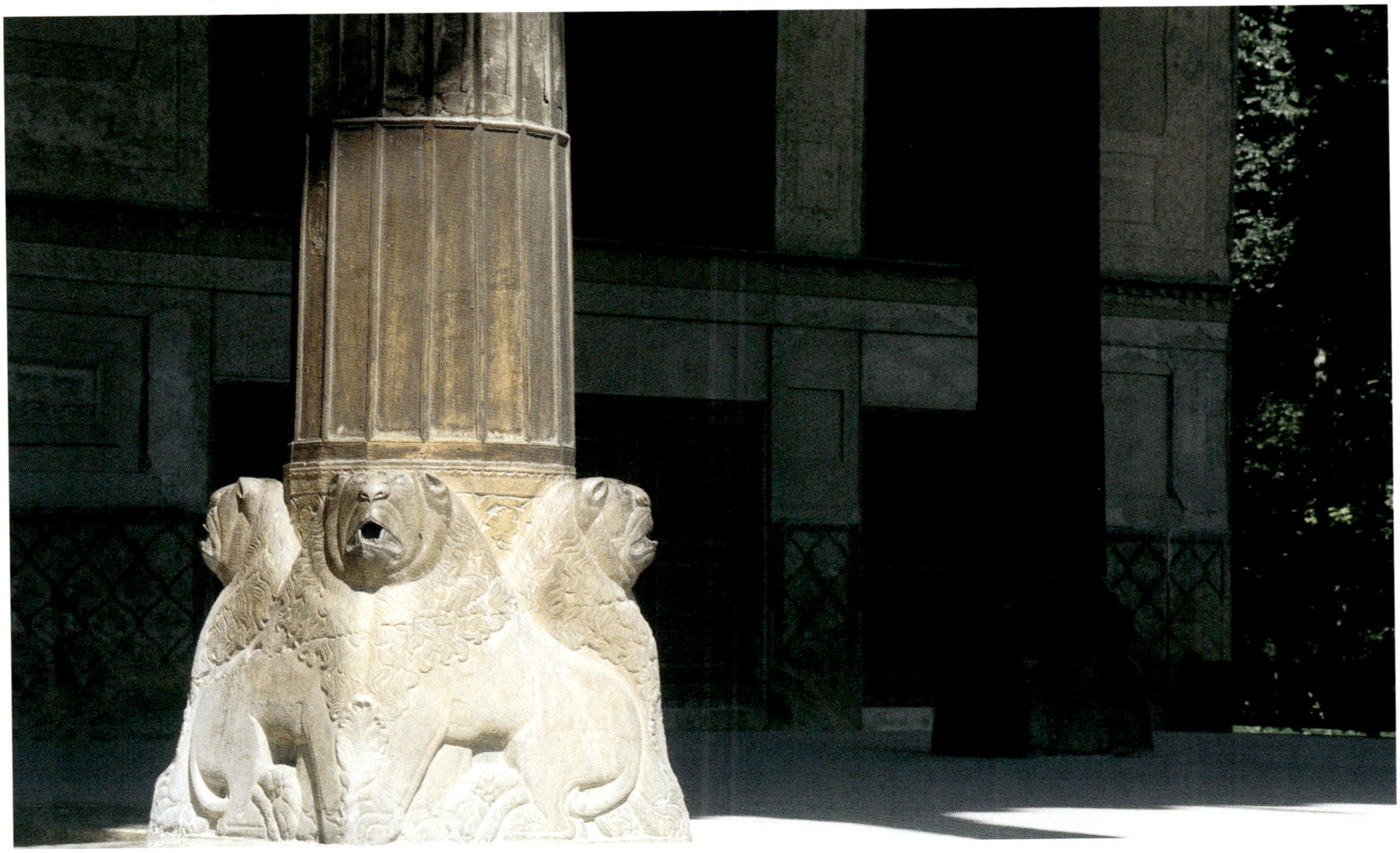

Hasht-behesht

Construit sous Shâh Soleymân (1667-1694), le pavillon de Hasht-behesht ou « Huit paradis » est certainement l'une des plus belles réussites de l'architecture palatiale safavide ; c'est également le seul pavillon donnant sur le Chahâr-bâgh à nous être parvenu. Autour du pavillon à plan centré (un carré dont les angles sont coupés, formant ainsi un octogone irrégulier) se développait un jardin rectangulaire dont l'étendue était bien supérieure à celle de l'actuel enclos. Suivant un modèle d'origine timouride, le pavillon se trouvait à peu près aux deux tiers de la longueur du jardin rectangulaire ; celui-ci était divisé en deux par un long canal rectiligne, chaque moitié étant subdivisée en parterres quadripartites. Les platanes, les cyprès, les pins et les arbres fruitiers ombrageaient des parterres de roses, de tulipes et de trèfle.

Le pavillon se compose de quatre salles octogonales surmontées de quatre autres salles identiques entourant un octogone central coiffé d'une coupole couronnée d'une lanterne qui s'élève jusqu'au faîte. Cette division quadripartite de l'espace est l'écho de la

HAUT Hasht-behesht, les « Huit paradis ». La salle centrale (d'après Pascal Coste).
À DROITE Le pavillon, récemment restauré, est situé au milieu d'un jardin.

PALAIS ET JARDINS DE PERSE 107

division des parterres du jardin au milieu duquel est situé le pavillon. L'édifice présente quatre façades à deux niveaux d'arcatures. L'entrée principale se trouve au nord ; l'*eyvân* s'ouvre sur toute l'élévation de l'édifice, comme celles des côtés est et ouest. Seule l'entrée sud ne dépasse pas le premier niveau d'arcades. En tout, l'édifice compte donc 49 arcatures, toutes ornées d'écoinçons à décor de céramiques polychromes à « ligne noire » ; cet extraordinaire ensemble, restauré dans les années 1970, représente l'un des plus beaux témoins de l'art figuratif safavide dans le domaine de la céramique architecturale encore *in situ*[28]. Ces écoinçons montrent tout un répertoire du bestiaire fantastique persan, ainsi que des scènes avec des personnages et des créatures angéliques ; certains panneaux ont fait l'objet de restaurations anciennes et présentent notamment des bouquets de fleurs, dans un goût nettement inspiré de l'Inde moghole. C'est également ces petits bouquets qui ornent l'intérieur du bassin qui se trouve dans l'*eyvân* nord du pavillon.

Le Chahâr-bâgh se poursuivait de l'autre côté du Zâyende-rud en direction du complexe palatial de 'Abbâsâbâd, plus tard nommé Hezâr-jarib ou « Mille arpents » :

« En redescendant le cours du fleuve, nous n'avons pas tardé à atteindre la partie du Tchaar-Bag située sur la rive droite à la suite du pont Allah Verdi Khan. Elle aboutissait autrefois à un immense parc, connu sous le nom de Hezar Djerib (les Mille Arpents). Des tumulus de terre délayée par les pluies et un beau pigeonnier témoignent seuls de la splendeur des constructions élevées dans ce jardin[29]. »

Farahâbâd

Le complexe de palais et jardins de Farahâbâd, bâti sous Shâh Soltân Hoseyn (1694-1722), est certainement l'un des plus grands des jardins safavides ; Cornelius Le Bruyn l'a vu encore inachevé :

« J'allais voir le beau plantage que le roi régnant [Shâh Soltân Hoseyn] a fait faire à trois lieus d'Isfahan, à l'ouest. Les arbres n'avaient encore guère poussé à l'entrée, parce qu'on n'avait encore pu y conduire assez d'eau pour cela ; mais nous les trouvâmes en meilleur état en avançant ; et, à une petite lieue de l'entrée, une mosquée fort basse, sur le chemin à droite, et un bain à côté. On doit faire quatre portes à ce beau plantage, qui se divise au milieu en quatre allées et forme un rond ouvert de tous côtés, dont la perspective est charmante. Les montagnes en sont à deux lieus au sud, et à une lieue au nord, où l'on a déjà commencé la muraille dont ces allées doivent être entourées. Ce plantage a deux lieues de long, et de large à proportion. La vieille allée, faite sous le règne du roi 'Abbâs, est au bout de ce nouveau plantage. On y entre par une grande porte, où cette allée n'a que la moitié de la largeur qu'elle a à l'autre bout, et une bonne demi-lieue de long. On voit sur les ailes de cette allée de beaux grands jardins entourés de murailles, et au bout une maison royale, qui n'a pas grande apparence[30]. »

Deux siècles après la description de Le Bruyn, ce jardin enchanteur n'était plus qu'un lointain souvenir. La description qu'en donne Jane Dieulafoy peut difficilement rendre justice à ce qui fut l'un des joyaux de la capitale safavide :

« On arrivait à Farahâbâd en suivant une avenue longue de plusieurs kilomètres, comprise entre deux galeries interrompues de distance en distance par des pavillons réservés aux gardes du roi. Cette voie grandiose aboutissait à une vaste esplanade autour de laquelle se développait l'habitation particulière du souverain. Des canaux revêtus de

---

28. Voir Ingeborg Luschey-Schmeisser, *The Pictorial Tile Cycle of Hasht-Behesht in Isfahan and its Iconographic Tradition*, Rome, 1978.

29. J. Dieulafoy, p. 325.

30. Cornelius Le Bruyn, 1718, I, pp. 247-249.

marbre blanc amenaient des eaux courantes dans un bassin de porphyre placé au centre de l'édifice, ou la distribuaient aux merveilleux jardins dont les voyageurs du XVIIe siècle ont laissé une si enthousiaste description (…) Dans cet état de ruine il est difficile de porter un jugement sur le palais de Farahâbâd, un des plus vastes que j'ai jamais vus. Je croirais volontiers que son aspect ne devait être ni grandiose ni imposant… Le charme de la résidence royale était dû à l'abondance des eaux, à la fraîcheur des bosquets, à la beauté du paysage[31]. »

31. Jane Dieulafoy, 1887, pp. 320-321.

Relais sur la route royale

Shâh 'Abbâs semble avoir eu une nette attirance pour les déplacements ; de ce fait, il disposait dans tout le royaume de dizaines de résidences, parfois fort petites, mais souvent décorées avec un certain luxe. Voici la description de l'une d'elles, entièrement disparue de nos jours :

« [Tajurâbâd est] un très beau jardin du roi, qui avait été fait et planté depuis fort peu d'années, et était accompagné d'une maison, laquelle pour être petite, ne laissait pas d'être une des plus belles choses que nous eussions jamais vues. Toute la place de la maison n'occupait pas plus de vingt-cinq pas carrés, y compris l'épaisseur des murailles, qui étaient faites de briques, et étaient fort bien étoffées et fortes. Le plus bel appartement de la maison était une petite salle de dix pieds de long, sur huit de large, dont les murailles, depuis le plancher jusqu'à la hauteur de dix pieds, étaient embellies d'un certain ouvrage d'or, formant plusieurs cadres alentour, qui servaient de bordure à autant de beaux tableaux, lesquels étaient sans comparaison plus achevés que ceux que l'on a accoutumé de voir ordinairement en Perse (…) Cette salle était accompagnée de quatre galeries, et d'autant de cabinets, ou petites chambres, peintes et dorées de la même façon que la salle même[32]. »

32. Figueroa, 1667, pp. 204-205.

HAUT *Le jardin de 'Abbâsâbâd (Hezâr-jarib) d'après l'Atlas de Chardin.*
DOUBLE PAGE SUIVANTE *Kâshân. Jardin de Fin ; le canal menant au pavillon de Shâh 'Abbâs.*

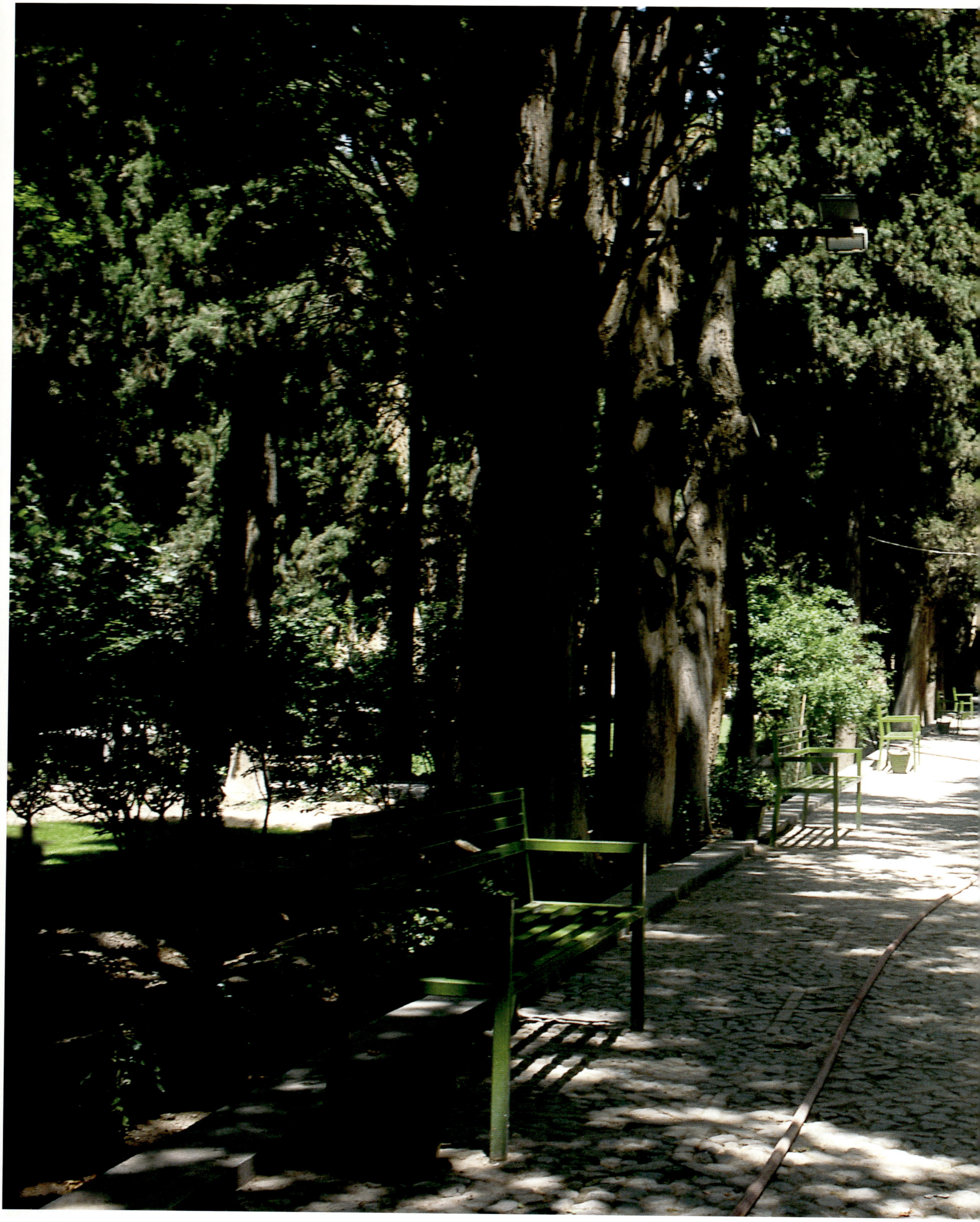

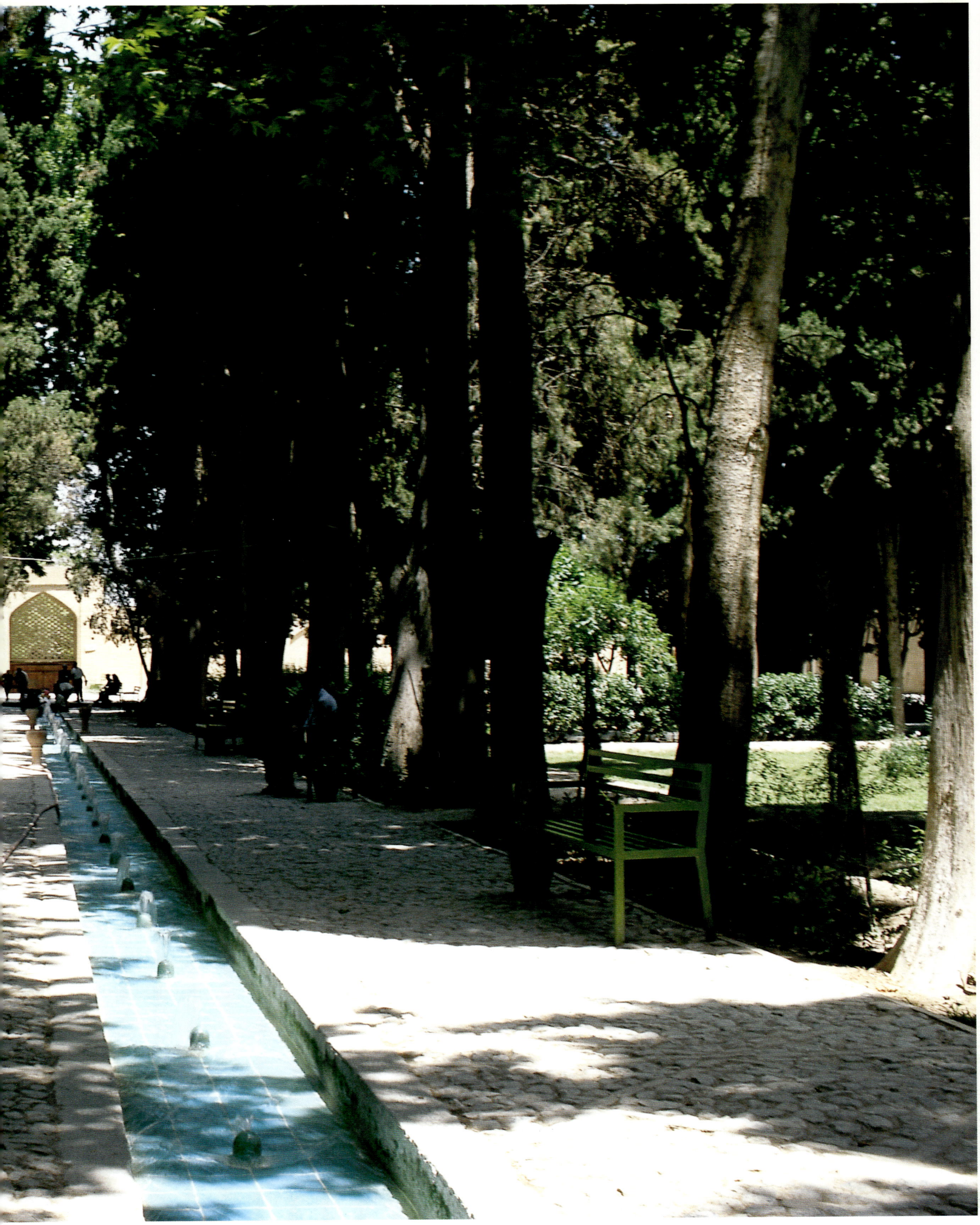

Le jardin de Fîn

Construit à l'époque de Shâh 'Abbâs Ier dans les faubourgs de Kâshân, le jardin de Fîn est sans doute l'un des jardins safavides les mieux conservés, en dépit de transformations ultérieures. Le site, réputé pour ses eaux abondantes, a certainement connu des occupations antérieures à celle de Shâh 'Abbâs. À l'origine, le jardin de Fîn se présentait comme un vaste enclos rectangulaire, auquel on accédait par un portail principal pouvant servir d'habitation. L'intérieur du jardin présente une avenue au centre de laquelle coule un canal, qui aboutit après une soixantaine de mètres à un bassin carré ; devant celui-ci se dresse un pavillon à plan carré datant de l'époque de Shâh 'Abbâs et comptant actuellement deux niveaux. Le pavillon, ouvert aux quatre vents au niveau du rez-de-chaussée, abrite également un petit bassin carré d'où partent des canaux suivant un plan en T. Le pavillon se situe à peu près aux deux tiers de la profondeur du jardin ; les canaux dessinaient, à l'époque de la fondation du jardin, trois rectangles réguliers, deux en profondeur, de part et d'autre du canal de l'allée centrale, et un sur toute la largeur du fond du jardin. Chacun de ces trois rectangles était divisé à son tour en parterres découpés par quatre ; les allées principales étaient bordées de cyprès et de platanes. L'intérieur des parterres combinait la plantation d'arbres fruitiers (amandier, pommier, cerisier, prunier) et de fleurs (lys, iris, églantiers, rosiers, jasmin, amarante, giroflée, narcisse, violette et tulipe sont les plus souvent citées). Pour parachever l'agrément de ce jardin, un hammam a été bâti dès l'époque de sa fondation ; ce dernier, agrandi par la suite, sera encore complété à l'époque qâjâre. Pour la petite histoire, on peut noter que c'est dans ce hammam du jardin de Fîn que fut assassiné en 1849 le grand Amir Kabir, ministre de Nâser al-Din Shâh.

De nos jours, le jardin a connu de nombreuses transformations et ajouts ; les plus notables datent de l'époque qâjâre, au cours de laquelle Fath 'Ali Shâh fit percer une nouvelle allée, parallèle à l'allée principale, sur le tiers est du jardin. Celle-ci aboutit à un pavillon adossé au mur sud du jardin. Le successeur de Fath 'Ali Shâh, Mohammad Shâh, fit quant à lui ajouter un pavillon, également adossé au mur du fond, dans l'axe de celui de Shâh 'Abbâs. Ce dernier s'ouvre au centre par un *shâh-neshin*, d'où le prince peut observer toute la perspective du jardin jusqu'à l'ouvrage d'entrée, uniquement partiellement interrompue par les arcades du pavillon de Shâh 'Abbâs.

Les jardins d'Ashraf

Résidence favorite de Shâh 'Abbâs, les jardins d'Ashraf (dans la localité actuelle de Behshahr, près de la Caspienne) ont subi de nombreuses dégradations jusqu'à nos jours. Il semblerait d'ailleurs qu'une partie au moins du site de Behshahr soit depuis devenue une base militaire. C'est sans doute sa situation en hauteur, dominant la baie d'Astarâbâd qui a dû dicter ce choix récent. Wilber donne des jardins d'Ashraf une description tout à fait sommaire, et le plan qu'il fournit est très simplifié[33]. Pourtant, Henry Viollet (1880-1955, oncle maternel du fondateur de la célèbre documentation photographique Roger-Viollet) a visité ce site en 1913 et en a fait des relevés qui sont restés inédits[34]. Viollet décrit des ruines dont il ne saisit pas toujours la fonction, alors que des voyageurs comme Pietro Della Valle ont résidé à Ashraf à l'époque de sa construction.

Deux axes routiers desservent cette contrée ; l'un est-ouest, qui suit le littoral caspien, l'autre sud-nord, qui relie Isfahan à Farahâbâd[35].

---

33. Donald Wilber, *Persian Gardens and Garden Pavilions*. Rutland, 1962, pp. 128-137.

34. Voir Y. Porter, « Les jardins d'Ashraf vus par Henry Viollet », *Res Orientales VIII, Sites et monuments disparus*, 1996, pp. 117-138.

Kâshân. Jardin de Fîn ; le pavillon de Shâh 'Abbâs, XVIIe* siècle.*

Jardin de Fin : canal et pavillon de Shâh 'Abbâs, XVIIe siècle.
À DROITE *Pavillon et bassin de Fath 'Ali Shâh, XIXe siècle.*

PALAIS ET JARDINS DE PERSE 115

35. Voir Wolfram Kleiss, « Die Safavidischen Schlösser am Königsweg von Isfahan nach Farahabad/Ashraf am Kaspicher Meer », dans *Archäologisches Mitteilungen Iran*, n° 21 (1988), p. 223-232.

36. Voir Eskandar Beg, *Târikh-e 'âlam ârâ-ye 'abbâsi*, éd. I. Afshâr, vol. 2, Téhéran, Amir Kabir, 1956, pp. 855-56 ; trad. Savory, vol. 2, Boulder, Westview, 1978, pp. 1065-66.

37. Pietro Della Valle, *Voyages*, T. 3, pp. 297-298.

38. Carpentras, musée Duplessis, huile sur toile 0,65 x 0,55 m.

C'est en 1612 – la date est donnée par le chronogramme *Dowlat-e Ashraf* – que Shâh Abbâs décide d'y bâtir une résidence[36]. Pietro Della Valle dit pourtant que le palais n'était pas achevé lors de son passage (entre 1616 et 1621) :

« Enfin nous arrivâmes en Escref, qui n'est éloigné de la mer que de deux lieuës, ou peu s'en faut. Elle est située sur l'extrémité d'une très-belle pleine, au pié de certaines petites montagnes, qui la couvrent, du côté du Midi. C'est un lieu découvert, que l'on commence à présent à bâtir. On n'y voit rien encor, que le Palais du Roi, qui n'est pas même achevé, avec ses jardins, & une grande ruë de Bazar, avec plusieurs autres maisons, que l'on y a fabriquées indiféramment, & sans ordre, deçà & delà, parmi des arbres, & dans une fort belle esplanade. Ce lieu-là néanmoins est rempli d'habitants que le Roi y a fait conduire, & très-fréquenté, principalement lorsqu'il y demeure : & afin de le peupler promptement, d'y élever des édifices, de le porter à sa perfection, même aussi parce qu'il est très-propre pour la chasse, & pour toute autre sorte de divertissement ; chaque fois qu'il hiverne dans Ferhabad, il a acoûtumé d'y passer la plus grande partie de l'hiver[37]. »

Les jardins d'Ashraf sont, par leur situation, des jardins de piémont. Leur plan à symétrie axiale tient compte et profite de la pente du terrain pour jouer des jeux d'eau rendus possibles par des sources naturelles et dévalant les terrasses par des cascatelles. C'est ce type de plan – que l'on trouve déjà à Hérat à l'époque timouride – qui sera adopté par les Mogols dans leurs jardins du Cachemire comme Shalimar, Achabal ou Nishat. Dans les jardins mogols, ce plan en terrasse présente également un autre avantage, c'est de pouvoir compartimenter l'espace réservé aux diverses catégories de visiteurs en fonction de la déclivité du terrain. Au contraire, à Ashraf les différentes fonctions des jardins semblent dictées non par des séparations internes aux jardins, mais par des espaces conçus séparément. Cette conception éclatée de l'espace rend la lecture des monuments plus malaisée.

Les jardins d'Ashraf étaient constitués de six enceintes bâties suivant des orientations différentes. L'ensemble de ces vestiges a été relevé en détail par Henry Viollet. En revanche, l'état « actuel » des jardins fourni par Wilber ne comprend plus que trois ensembles.

D'après Wilber, on accédait aux jardins en passant sous une *naqqâra-khâna* – sorte de « maison de fanfare » ou des musiciens sonnent les heures – qui menait au Bâgh-e shomâl. A cet endroit se trouvait un corps de garde où les visiteurs étaient reçus. Peut-être est-ce cette entrée qui a été peinte par Jules Laurens dans son tableau *Pavillon dans les jardins abandonnés d'Aschreff*[38]. En réalité, les récits des voyageurs ne sont guère explicites quant à l'endroit par lequel on pénétrait dans l'enceinte des jardins.

Pietro Della Valle décrit ainsi son entrée au palais :
« Nous montâmes à cheval, & allâmes de compagnie vers le Palais, duquel la principale porte fait face à une belle & longue (avenue ?), où étans arrivez, nous décendîmes de cheval. Nous n'entrâmes pas néanmoins dans un grand pré qui y est ; mais nous allâmes par-dehors, à main droite, toûjours en montant en une grande place, qui joint le Palais d'un côté, par laquelle on se rend à la porte d'un jardin, & dans laquelle personne ne peut jamais espérer d'entrer qu'à pié. »

Le bâtiment safavide décrit par les voyageurs sous le nom de Divân-khâne a été détruit par un incendie et reconstruit à l'époque de Nâder Shâh (1736-47). Della Valle nous restitue une vision vivante de l'accès à ce monument disparu :

« Au bout de la place, proche le Palais, il y a un bel arbre, fort haut, où paroît le premier corps de garde des soldats de la porte. Le Vizir me fit demeurer en cet endroit, à l'ombre de cet arbre ; & cependant, il entra seul dans le jardin, pour en donner avis, & prendre les ordres nécessaires. Après un long espace de temps, il me vint dire, que le Roi lui avait commandé de me conduire dans le Dicanchanè (*divân-khâne*) du jardin, où les Principaux de sa Cour l'atendoient. Nous entrâmes donc, & après la première porte, je trouvai une petite cour, qui servait de cuisine, selon moi, ou de dépense ; parce que j'y vis beaucoup de nège qu'on avoit préparée, & plusieurs plats couverts, qui étoient remplis de quelques mets délicieux. J'y vis aussi, si je ne me trompe, de certains grands alambics de verre ; mais je ne sais pourquoi ils y étoient. Aïant traversé cette petite cour, nous passâmes la seconde porte, qui est accompagnée d'un porche couvert ; mais petit, où il y a encor un autre corps de garde. C'est-là que le jardin commence immédiatement; il est de forme quarée, médiocrement grand ; & à le voir, on juge facilement qu'il n'y a pas long-temps qu'on l'a planté. Il est situé derrière le Palais, sur l'extrémité de la plaine, au pié des montagnes, qui sont chargez d'arbres, & sur lesquelles le Roi a déjà commencé à bâtir quelques réduits, & quelques galeries, qui seront de la dépendance du jardin, & qui en seront partie. Au milieu du quaré, dont le fond est uni, & fort égal, on a fabriqué le Dicanchanè ; c'est-à-dire, une galerie, trois fois aussi longue que large, toute ouverte par le devant, & de laquelle le derrière, & les côtez, sont fermez de murailles, à l'exception de quelques grandes croisées qu'on a laissées, & qui sont de niveau au plancher, selon leur coutume. Cette galerie est élevée de terre de deux degrez seulement, le devant de laquelle, qui est ouvert, sur l'une de ses longueurs, est tourné vers le Septentrion, de même que vers la porte d'entrée, d'où l'on va au Dicanchanè, par une allée assez large, & toute pavée de pierres, au milieu de laquelle coule un petit ruisseau, qui naît d'un vivier, que l'on a fabriqué vis-à-vis le Dicanchanè. La même allée continüe derrière le Dicanchanè, jusqu'aux montagnes, & au haut du jardin ; & au milieu de la muraille, qui se ferme par derrière, & qui envisage le Midi, il y a une porte, par laquelle le chemin de devant se communique avec celui de derrière[39]. »

39. Della Valle, T. 3, pp. 302-304.

HAUT
À GAUCHE Jules Laurens. *Le divân-khâne d'Ashraf. Crayon rehaussé. ENSBA.*
À DROITE Jules Laurens, esquisse pour le tableau *Pavillon dans les jardins abandonnés d'Aschreff. Crayon rehaussé, ENSBA.*

Chiraz. Cour de la citadelle de Karim Khân Zand. (XVIIIᵉ s.)

À l'époque du voyage de Hommaire de Hell, le bâtiment du *divân-khâne* était celui construit par Nâder Shâh dans la première moitié du XVIIIe siècle[40] :
« Le Baghi-Schah (jardin du Schah), où nous sommes campés, est moins endommagé que les deux autres qui font suite. Avant d'y entrer, on franchit un portail donnant sur une belle allée bien sombre et conduisant à la porte principale du jardin : en face d'elle, est une longue avenue de cyprès et d'orangers entremêlés, qui aboutit au pavillon de Nadir-Schah. Cette avenue est traversée par une ligne de canaux étagés, formant de distance en distance de petites chutes d'eau, et se réunissant dans un bassin placé en face du pavillon, édifice construit par Nadir-Schah, où l'on voit encore beaucoup de peintures qui annoncent la décadence de l'art. Ce ne sont plus ces gracieuses compositions du peintre favori de Schah-Abbas[41]. »

40. Hommaire de Hell, pl. LXXX. Le dessin préparatoire pour cette lithographie est un crayon rehaussé (0,305 x 0,446 m) conservé à l'ENSBA de Paris (Inv. N° 2427).

41. Hommaire de Hell, vol. II, p. 270.

Les plans d'Henry Viollet restituent bien cette enfilade d'enceintes et la perspective qui s'ouvre au visiteur sur une longueur totale de près de 550 mètres. Une première enceinte ouvre sur une cour de 170 m de long (la largeur totale n'est pas précisée), au bout de laquelle se trouve la « porte principale ». Cette première cour serait-elle la « cuisine » ou « dépense » décrite par Della Valle ?

Le jardin proprement dit se déroule après cette deuxième porte, suivant un axe traversé par le « petit ruisseau » mentionné par Della Valle. Curieusement, ce dernier n'a pas parlé des quatre cascatelles qui interrompent la descente de ce petit canal. Formant miroir devant le palais, un large bassin rectangulaire (41,6 x 36,3 m) – le « vivier » de Della Valle – traversé d'est en ouest par un canal perpendiculaire.

Le mur ouest longe les jardins appelés *Bâgh-e sâheb zamân* et *Bâgh-e shomâl* avec lesquels il communique par une porte. Le mur méridional du jardin comporte en son milieu le portail mentionné par Della Valle.

Le mur est du jardin est le plus accidenté. Il est interrompu, à la hauteur du bassin, par le mur de la construction nommée *Anderoun* par Viollet, qui surplombe le jardin. Les deux espaces communiquent par un escalier qui descend de l'*Anderoun*, auquel fait suite une chute d'eau ; cette dernière se poursuit par un canal perpendiculaire au canal principal, et se déverse dans le grand bassin.

Le « palais », tel qu'il se présente sur le plan de Viollet, est une bâtisse rectangulaire (37 x 11 m) construite sur terrasse, à laquelle on accède par quelques marches situées de part et d'autre du bâtiment. Deux corps fermés bordent une galerie ouverte sur les deux façades (nord-sud) par cinq piliers ; le plan de Viollet nous permet encore de constater que le canal traverse en fait la galerie et se poursuit en amont jusqu'au mur d'enceinte qui clôt le jardin au sud.

Pourtant, tant ce plan que les photos prises par Viollet montrent bien que des changements ont eu lieu entre le dessin de Jules Laurens et le relevé de Viollet. Della Valle précise que la galerie est fermée sur le côté sud. C'est peut-être la seule différence notable entre sa description et l'aspect de ce bâtiment – après sa reconstruction par Nâder Shâh – tel qu'il nous est connu par la lithographie de Jules Laurens. Dans cette illustration on peut voir deux corps de bâtiment fermés, réunis par une galerie formée sur les deux côtés par six fines colonnes – sans doute en bois – et supportant une toiture sur charpente. Les deux corps fermés et la terrasse pourraient-ils remonter à l'époque safavide ? Le monument vu par Viollet est donc nécessairement postérieur à celui construit par Nâder Shâh et dessiné par Jules Laurens en 1848.

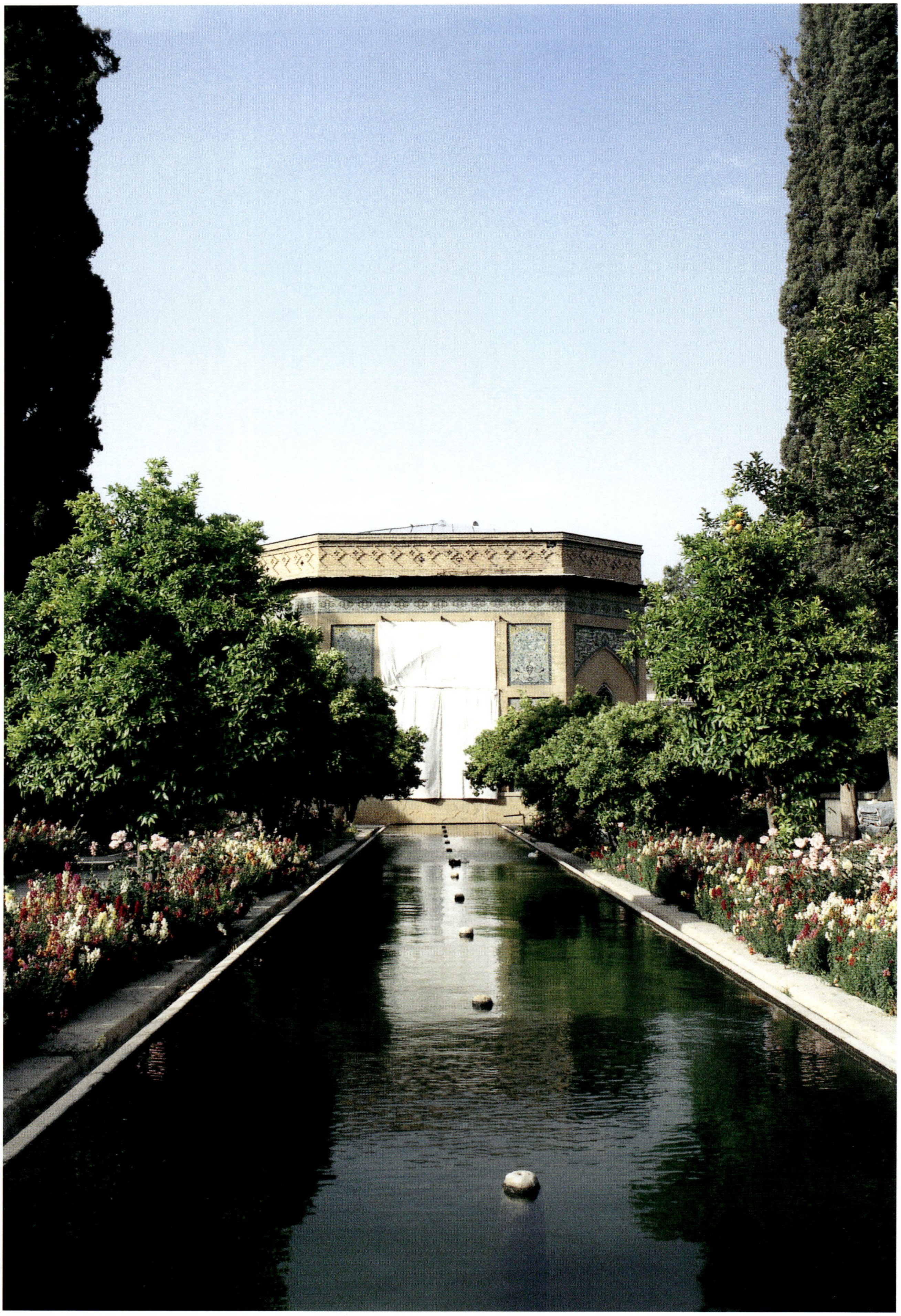

Les plans nommés par Viollet *Bâgh-e shomâl* et *Bâgh-e sâheb zamân* regroupent les jardins orientés nord-sud formant la bordure ouest de l'ensemble d'Ashraf, absente du plan « actuel » des jardins donné par Wilber. Il s'agit en fait d'une succession de structures en enfilade parallèle à l'axe du jardin du Divân Khâne, séparée de ce dernier par un mur. Ces structures comprennent les quatre jardins que Wilber appelle *Bagh-i shimal, Bagh-i khalvat, Bagh-i haram* et *Bagh-i-sahib zaman* et s'étendent sur une longueur totale de 405 mètres.

En fait, l'entrée à cette enfilade de cours, de bâtiments et de jardins se fait au nord, par le jardin bien nommé *Bâgh-e shomâl* (litt. « jardin du nord »).

Une porte donne accès à une cour (138 x 106 m) ; le mur ouest de la cour se remarque par ses redents (piliers soutenant des arcades). Face à la porte se trouve un bâtiment tétrapyle quasi carré (21,5 x 19,75 m), formant un plan en croix ; ce plan définit quatre unités d'habitation, le centre montrant une forme de coupole. Le plan de ce bâtiment est très proche de celui de la partie centrale du pavillon 'Âli Qâpu à Isfahan.

La cour est fermée au sud par un mur percé de trois portes. Une petite distance (15,27 m) sépare ce mur de l'enceinte suivante.

Déporté vers l'est d'une quinzaine de mètres par rapport à l'axe N-S se trouve le portail d'un autre bâtiment. Une salle formant corps de garde est coiffée d'une coupole ; cette pièce ouvre sur un deuxième « jardin » (peut-être celui que Wilber appelle Bagh-i-khalvat ?). Cet espace se présente en fait comme une cour de caravansérail ou de palais routier » de 67 sur 53 mètres de côté. Elle est bordée sur les côtés nord et ouest de pièces ouvertes formant portique. Trois escaliers sont visibles aux angles NE, NW, SW ; l'angle SE est moins nettement dessiné, mais on peut penser que l'ensemble devait être dominé en fait par quatre « tours » d'angle. Sur le côté est de la cour, une ligne en pointillés laisse supposer que le portique se poursuivait de ce côté. Le côté ouest présente plusieurs salles dont l'une semble être un hammam. En effet, Viollet y a noté un bassin et une chaufferie.

Plus ou moins au centre de cette cour, Viollet a noté un rectangle et une ligne perpendiculaire à l'axe nord-sud avec la mention « Axe du grand bassin du Divan Khane » ; en effet, c'est au niveau du bord sud de cette « cour » que débouche le canal coulant sud-nord. Au-delà de cette « limite », le canal se poursuit en amont vers le sud sur 183,5 mètres, interrompu par un petit bassin rectangulaire et quatre cascatelles qui descendent les terrasses du jardin. Fermant cette enfilade de jardins se trouve le bâtiment du *Bâgh-e Sâheb zamân*. Cette bâtisse rectangulaire (28,3 x 14 m) est formé d'un tétrapyle central flanqué de part et d'autre de deux corps de bâtiment. Comme nous le montrent les illustrations, ce bâtiment comptait deux étages.

D'après Wilber, « le *Bâgh-e-Sâheb Zamân* contenait un bâtiment isolé qui semble avoir servi exclusivement aux réceptions royales ainsi qu'à l'entrepôt et à l'exposition des richesses du monarque. L'évidence des ruines indique qu'il comportait deux étages et qu'il avait au moins six vastes pièces ou salons, et que le toit plat, en terrasse, servait aux réceptions[42] ». Le plan et les photos de Viollet permettent de se faire une idée plus juste de ce bâtiment. Toujours d'après Wilber, ce pavillon est décrit par Thomas Herbert.

Le monument relevé par Viollet sous le nom d'*Anderoun* correspond à celui que Wilber, à la suite de Hommaire de Hell, appelle *Bagh-i Tepe*. Ce nom est dû sans doute à

42. Wilber, *Persian Gardens*, p. 135.

Chiraz. Le pavillon de Karim Khân Zand (de nos jours, musée Pârs), XVIIIe siècle.

Yazd. Bâgh-e Dowlatâbâd (1787) avec son élégant bâd-gir *(capteur de vent).*

sa position en surélévation. Il s'agit d'une enceinte irrégulière, quasi quadrangulaire (et non rectangulaire, comme le dessine Wilber), avec quatre tours d'angle. Une entrée principale à l'ouest mène vers une cour intérieure de 119,15 x 84 mètres. Le mur ouest, légèrement arqué, est celui qui se trouve en surplomb du jardin du *Divân-khâne*. Parmi les pièces qui bordent ce mur, l'une semble avoir une couverture à coupole, avec « décoration en plâtre sculpté (rinceaux, oiseaux) ». Sur le mur sud, Viollet précise « chambre du gardien ». Tout à côté, une porte ouvre sur un chemin coudé qui mène vers le *Howz-khâne*.

Hommaire de Hell a noté la présence d'un « siphon » dans ces tours « qui amenait l'eau pour l'alimentation des bassins ». Le plan de Viollet, et le détail de la tour - qu'il appelle *Zakhi u Khane* - montrent bien la présence de canalisations (tuyaux en terre cuite noyés dans la masse).

Le tableau de Jules Laurens, *Jardins abandonnés d'Aschref*, conservé à Rouen illustre peut-être ce monument[43]. Ce tableau montre un bassin au premier plan – celui du Divân-khâne – avec une arrivée de canal ; en arrière-plan, un mur aux arcatures aveugles, avec une tourelle coiffée d'un toit conique (couverture de la pièce « aux plâtres sculptés » ?).

43. *Jardins abandonnés d'Aschref*, huile sur toile, 1,458 x 1,110 m, Musée des Beaux-Arts de Rouen.

L'ensemble appelé *Haus-Khane* par Henry Viollet correspond au jardin que Hommaire de Hell et Wilber nomment *Bagh-i chesma*. Il s'agit d'un long jardin en terrasse mesurant 402 x 130 mètres, orienté nord-ouest/sud-est. Il est traversé en son milieu par un canal à cascatelles.

Dominant l'ensemble se trouve un pavillon à plan centré (26 x 22 m). Ce pavillon était jadis composé de quatre corps de bâtiment carrés entourant un espace central en croix grecque qui abritait un bassin. D'après Hommaire de Hell, « Le *Bagh-i-Tchesmé* doit son nom à une source abondante, surmontée d'un gracieux pavillon. Le bassin carré où elle se déverse, possède à ses quatre angles (*sic*) des canaux qui vont porter les eaux dans les autres jardins[44]. » Une source tout proche alimentait en effet cascatelles et canaux. Hommaire de Hell ajoute un petit commentaire sur le décor de ce pavillon :

44. Hommaire de Hell, p. 271.

« Les voûtes et la coupole du pavillon étaient recouvertes de porcelaine [*sic*] émaillée dont il reste encore quelques vestiges ; l'on voit également dans les chambres et jusque sur les murs de l'escalier, des traces de peinture à fresque, qui décèlent l'élégance de ce réduit mystérieux caché au fond des jardins[45]. »

45. Hommaire de Hell, p. 271.

Cette esthétique du jardin safavide se prolonge à l'époque qâjâre ; le docteur Feuvrier, qui a résidé en Perse au XIXe siècle, décrit ainsi l'entrée dans une des résidences royales des environs de Téhéran :

« Après avoir parcouru une interminable avenue, tracée large et droite au milieu des hauts platanes, on arrive à une première rangée de bâtiments, qui sert comme d'entrée à une seconde rangée, située au centre du jardin au fond duquel est l'andarun, pavillon bâti autour d'une cour carrée et contenant une série de chambres qui, toutes, se ressemblent[46]. »

46. J.-B. Feuvrier, 1900, p. 213.

Palais et demeures des Zand et des Qâjârs

Chiraz

Les vestiges des palais de l'époque Zand (1750-1794), au cours de laquelle Chiraz fut élevée au rang de capitale, sont malheureusement assez peu nombreux. L'imposante structure de la citadelle de Karim Khân Zand (*Arg*) est située sur le côté nord du boulevard portant son nom et domine encore de nos jours le centre urbain ; elle déploie une enceinte flanquée aux angles de quatre fortes tours rondes et ceinture un palais à cour centrale comportant également un oratoire et un hammam.

Face à la citadelle, et datant de la même époque, un pavillon octogonal est situé au milieu d'un jardin appelé à présent « Parc Nazar ». Ce pavillon fut également bâti par Karim Khân et lui servit un temps de sépulture, jusqu'à ce qu'Âghâ Mohammad Khân Qâjâr, le roi eunuque n'emporte sa dépouille à Téhéran. Les façades extérieures du bâtiment se distinguent notamment par ses écoinçons décorés de céramiques polychromes qui représentent des compositions florales et des scènes historiées ; l'intérieur, récemment restauré, et qui abrite aujourd'hui le Musée Pârs, montre un beau plafond en stuc peint et un bassin en marbre sculpté.

Bâgh-e Eram

Sans doute commencé vers 1795, le pavillon central du Bâgh-e Eram de Chiraz a connu plusieurs interventions postérieures, notamment au XIXe siècle, avant d'être restauré à l'époque Pahlavi (les dernières interventions sur ce pavillon et ses jardins ont été réalisées en 1925) ; comme bon nombre des palais de Chiraz, la façade sur jardin se singularise par un fronton à triple arcature sur lequel sont posées des céramiques polychromes historiées. De part et d'autre de ce fronton, deux autres arcatures également parées prolongent la façade. Le bâtiment s'ouvre au centre par un balcon en terrasse, dont la couverture est portée par deux colonnes de marbre sculpté. Tout le soubassement de l'édifice est orné d'un placage de marbre sur lequel sont sculptés des personnages inspirés de l'épopée nationale, le *Livre des Rois*. Le décor intérieur présente de belles peintures et des mosaïques de miroirs. Quant au jardin, célèbre par ses cyprès (*sarv-e nâz*), il possède une magnifique collection de roses anciennes.

Nâranjestân (maison Qavvâm)

D'une conception semblable au pavillon du Bâgh-e Eram, la maison Qavvâm, également à Chiraz, plus connue sous le nom de Nâranjestân, a été édifiée de 1879 à 1886 et a servi de résidence au gouverneur de Chiraz sous les Qâjârs. La façade se développe sur le petit côté d'une vaste cour-jardin rectangulaire, traversée par un bassin bordé de plantations dont les bigaradiers (« oranges amères », en persan *nâranj*), qui ont donné le nom au jardin. Un tunnel souterrain permet de traverser le jardin et de se rendre au pavillon de Zeynat al-Molk, où logeaient les femmes et les enfants de la famille, sans être vu.

La lunette centrale de la façade principale sur jardin montre, exécutées en céramique, les armoiries de l'Iran, le lion et le soleil (*shir-o khorshid*), ainsi que des anges tenant la couronne impériale. En soubassement, on trouve là aussi des bas-reliefs en pierre sculptée dans un style « revivaliste » inspiré de Persépolis. L'intérieur du bâtiment, qui s'ouvre par un *tâlâr* serti de miroirs, offre un décor varié où se conjuguent les céramiques

Chiraz. Pavillon du Bâgh-e Eram, XIXᵉ siècle.

Chiraz. Maison Qavvâm, dite « Nâranjestân » ; eyvân principal ouvrant sur le jardin, XIXᵉ siècle.

Chiraz. Maison Zeynat al-Molk ; façade sur cour, XIXe siècle.

CI-DESSUS ET À DROITE *Chiraz. Maison Qavvâm ; le grand salon, tapissé de miroirs, XIXe siècle.*

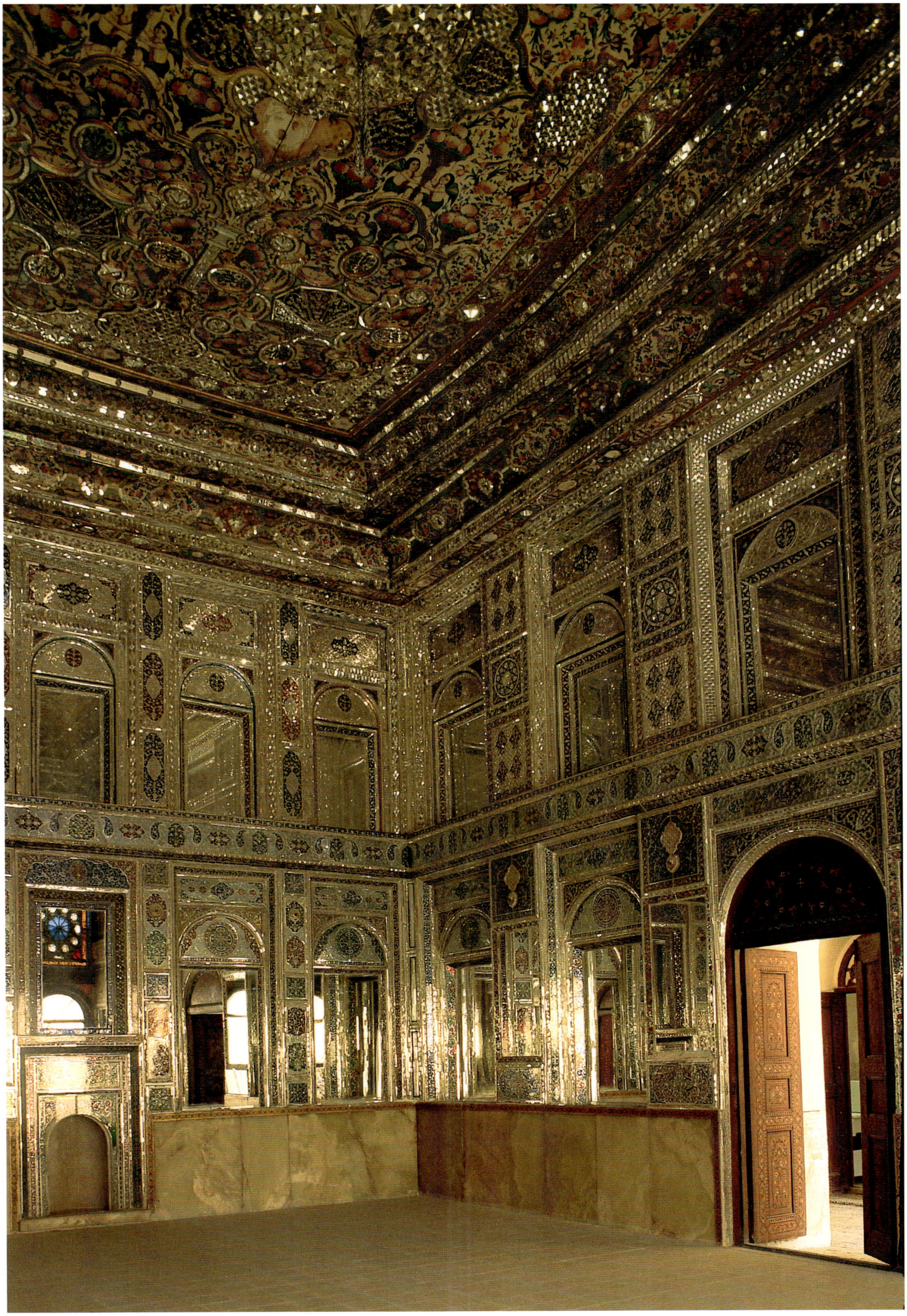

Chiraz. Maison Mantaqe-zâd, XIXᵉ siècle.

Chiraz. Maison Sâlehi, XIXᵉ siècle.

polychromes, les panneaux de bois peint, les stucs colorés et les vitraux. Les salles voûtées situées sous le bâtiment abritent de nos jours une galerie d'art.

Chiraz comptait encore, au début du XXe siècle, de nombreux jardins ; une grande partie de ceux-ci a de nos jours disparu ; heureusement, quelques-uns ont été préservés, comme le Bâgh-e 'Afifâbâd, construit en 1863. Le palais de ce jardin accueille de nos jours un Musée militaire ; le jardin compte en outre un hammam (en ruine) et une maison de thé.

Beaucoup de ces vieilles maisons de Chiraz sont tombées en ruine et ont été rasées. Loti a eu la chance d'en visiter quelques-unes lors de son voyage, dont celle de Hâjji 'Abbâs, qu'il qualifie de « prévôt des marchands » :

« Une vieille porte de prison, que masque un écran intérieur en maçonnerie croulante : c'est chez lui. Ensuite un petit jardin plein de roses, avec des allées droites à la mode d'autrefois, un bassin, un jet d'eau ; et la maison s'ouvre au fond, très ancienne et très orientale. Le salon d'Hajji-Abbas : plafond en arabesques bleu et or, avec des branches de roses aux nuances effacées par les ans ; murs extrêmement travaillés, divisés en petites facettes, creusés en petites grottes avec des retombées de stalactites, tout cela devenu d'une couleur de vieil ivoire, que rehaussent des filets d'or terni ; par terre, des coussins et d'épais tapis merveilleux. Et les fenêtres découpées donnent sur les roses du jardin très caché et sans vue, où le jet d'eau mène son bruit tranquille[47]. »

47. Pierre Loti, *Vers Ispahan*, p. 86.

Le palais du Golestân à Téhéran

Sous le règne de Âghâ Mohammad Khân, Téhéran devient la capitale de la nouvelle dynastie. C'est surtout au cours du règne de son successeur, Fath 'Ali Shâh, que la ville se voit parée de monuments, avec notamment l'édification du palais du Golestân. Ce palais est tout ce qui reste de l'ancienne citadelle de la ville (*Arg*), dont la fondation remonte à l'époque safavide. De nos jours, l'ensemble de pavillons et de palais est surtout marqué par l'empreinte de Nâser al-din Shâh, avec des ajouts encore postérieurs. Ainsi, le palais du trône de marbre (Takht-e marmar) est à peu près le seul à avoir conservé l'aspect qu'il avait lors de sa construction en 1806. Loti découvre ce « Trône de marbre » dans la demi-pénombre, alors que le grand *eyvân* est entièrement voilé par un vélum :

« Ce que nous distinguons en premier lieu, c'est le trône, qui s'avance là tout près, tout au bord ; il est d'un archaïsme que nous n'attendions pas, et il se détache en blancheur sur la décoration générale rouge et or. C'est l'un des trônes historiques des empereurs Mogols [*sic*], une sorte d'estrade en albâtre avec filets dorés, soutenue par de petites déesses étranges, et des petits monstres sculptés dans le même bloc ; le traditionnel jet d'eau, indispensable à la mise en scène d'un souverain persan, occupe le devant de cette estrade, où le Chah, dans les grands jours, se montre accroupi sur des tapis brodés de perles, la tête surchargée de pierreries, et faisant mine de fumer un kalyan tout constellé, un kalyan sans feu sur lequel on place d'énormes rubis pour imiter la braise ardente[48]. »

48. Pierre Loti, *Vers Ispahan*, pp. 288-289.

D'autres bâtiments, comme le 'Emârat-e Bâdgir (Pavillon des tours du vent), également construit sous Fath 'Ali Shâh, ont été profondément restaurés sous Nâser al-din Shâh et revêtus d'une abondante couverture de céramiques. Le Shams al-Emâre, com-

À DROITE *Chiraz.*
HAUT *Maison Mantaqe-zâd, XIXe siècle.*
BAS *Maison Nasir al-Molk, XIXe siècle.*

PALAIS ET JARDINS DE PERSE 133

mencé en 1865, est sans doute le bâtiment le plus important du complexe palatial ; avec ses deux tours jumelles coiffées de pavillons, il donne l'image caractéristique de l'architecture qâjâre du milieu du XIXe siècle. Ici encore, les céramiques jouent un rôle important dans le décor des surfaces. Quelques motifs historiés, avec des scènes du *Shâh-nâme* de Firdousi, ou la charmante fanfare qui flanque l'escalier principal, alternent avec des compositions florales de bouquets jaillissant de vases, ou de vues de paysages traités à l'européenne, dans un style parfois bien naïf.

Kâshân

Maison Borudjerdi

La maison Borudjerdi a été bâtie pour la famille qui lui a donné son nom au cours du XIXe siècle, sans qu'il puisse être possible d'arrêter une date précise. Une partie du décor peint montre des portraits des souverains qâjârs Nâser al-din Shâh (1848-1896) et Mozaffar al-Din Shâh (1896-1907) ; ces portraits ont cependant pu être ajoutés postérieurement à l'édification des bâtiments. Une série complexe de vestibules mène à une vaste cour rectangulaire fermée sur les quatre côtés par des corps de bâtiments.

Le principal corps est construit, suivant la tradition, sur l'un des petits côtés du rectangle (côté ouest), à l'opposé de l'entrée sur la cour. La façade de ce corps de bâtiment est constituée par un large *eyvân* à triple arcature, légèrement surélevé par rapport au niveau de la cour et en retrait de l'alignement des bâtiments latéraux ; le fronton présente un décor de gypseries (voir Troisième partie) d'un style éclectique rappelant le rococo.

Sous le grand *eyvân*, une volée de marches mène au sous-sol (*zir-zamin*), où se trouve le *sardâb* ; l'entrée vers l'*eyvân* s'effectue de part et d'autre de celui-ci, par de petites portes précédant quelques marches. Le salon que l'on découvre est appelé l'*eyvân* d'hiver et précède le grand salon de réception (*tâlâr*), éclairé quant à lui par une coupole à lanterne sur laquelle viennent se greffer des alvéoles en forme de niche destinées à capter la lumière (*nur-gir*). Vue de l'extérieur, cette coupole alvéolée, flanquée de deux *bâd-gir*, donne à la demeure sa silhouette urbaine caractéristique.

Le mur du fond, dans l'axe de la cour, est occupé par une niche trilobée appelée ici *shâh-neshin*, d'où le maître des lieux ou l'invité d'honneur peut jouir d'une vue qui s'étale sur une trentaine de mètres, traversant les salons, toute la longueur de la cour et se prolongeant jusqu'à l'*eyvân* oriental.

Ce dernier est moins profond et moins spectaculaire que son pendant ; un bassin occupe une grande partie de la longueur de la cour qui présente, de part et d'autre, des plates-bandes plantées de fleurs, de simples et d'arbres[49].

Maison Tabâtabâ'i

Plus petite que la précédente par la surface, la maison Tabâtabâ'i présente avec celle des Borudjerdi des similitudes de plans et de décor : entrée coudée suivie d'un vestibule, cour rectangulaire avec un long bassin bordé de plates-bandes et *eyvân*-s sur les petits côtés du rectangle – l'*eyvân* principal surmontant ici aussi un *sardâb*. Longtemps laissée à l'abandon, cette belle demeure a récemment fait l'objet de travaux de restauration qui ont notamment permis de remettre au jour les décors de stuc incrusté de miroirs qui caractérisent l'ornement de ses pièces nobles.

---

49. Les monographies sur les demeures de la période qâjâr sont rares ; signalons à propos de celle-ci un article de Gianroberto Scarcia, « La casa Borugerdi di Kâshân : materiali figurativi per la storia culturale della Persia qagiar », *Annali dell'Istituto Universitario Orientale di Napoli*, N.S. XII, 1962, pp. 83-93, pl. I-XI.

À DROITE Téhéran. Palais du Golestân ; pavillon du Trône de marbre (Takht-e marmar), début XIXe siècle.

PALAIS ET JARDINS DE PERSE 135

136 PALAIS ET JARDINS DE PERSE

*Kâshân. Maison 'Abbâssiân ; à gauche de l'*eyvân, *on distingue une coupole portant des* nur-gir *ou « capteurs de lumière ».*
À GAUCHE *Kâshân. Maison Tabâtabâ'i,* XIXe *siècle.*

Kâshân. Maison Abbâssian ; fenêtres et vitraux sertis dans le plâtre, XIXe siècle.

Maison 'Abbâssiân ; cheminée et niches murales.

Kâshân. Maison Borujerdi ; coupole du grand salon, avec sa lanterne et ses « capteurs de lumière ».

Maison Borujerdi. Niche en cul-de-four à décor de muqarnas *(stalactites), au fond du salon (*shâh-neshin*).*

142 PALAIS ET JARDINS DE PERSE

De même qu'à Chiraz ou à Kâshân, on trouve encore à Isfahan quelques belles demeures qui ont récemment fait l'objet de restaurations[50]. Jane Dieulafoy nous fait entrer dans l'une de ces maisons d'Isfahan :

« La maison dans laquelle nous pénétrons s'étend sur les quatre côtés d'une cour spacieuse. Le talar élevé au centre de chaque façade est flanqué à droite et à gauche de vestibules blanchis à la chaux. La pièce de réception est couverte d'une coupole ornée de fins alvéoles exécutés en plâtre comme la décoration de takhtchès disposés autour de la salle. Une verrière colorée ferme la baie du talar et laisse pénétrer à l'intérieur de l'appartement un demi-jour discret[51]. »

JARDINS POUR L'ÉTUDE ET LA MÉDITATION

Dans un survol des jardins persans on ne peut omettre de mentionner les cours-jardins de certains édifices religieux, en particulier des *madrasas*. Ces édifices destinés à l'approfondissement des sciences traditionnelles musulmanes (théologie, droit, mais aussi philosophie, médecine ou mathématiques) sont naturellement conçus pour favoriser le calme et la concentration propres à l'étude. Loti donne une belle description du jardin de la *madrasa* du *Chahâr-bâgh* (ou *Madrasa de la Mère du Shâh*) où les décors de céramique se confondent avec la végétation :

« Le jardin est carré, enclos de murs d'émail qui ont bien cinquante pieds, et maintenu dans la nuit verte par ces vénérables platanes grands comme des baobabs qui recouvrent tout de leurs ramures ; au milieu, un jet d'eau dans un bassin de marbre, et partout, bordant les petites allées aux dalles verdies, ces deux sortes de fleurs qui se mêlent toujours dans les jardins de la Perse : les roses roses, doubles, très parfumées, et les simples églantines blanches. Églantiers et rosiers, sous l'oppression de ces hautes murailles bleues et de ces vieux platanes, ont allongé sans mesure leurs branches trop frêles, qui s'accrochent aux troncs géants et puis retombent comme éplorées, mais qui toutes s'épuisent à fleurir[52]. »

De même, les cours des mosquées constituent volontiers une halte pour le voyageur, qui y trouve souvent le calme et parfois même la verdure. Ibn Battûta écrit à propos de la Grande Mosquée de Tabriz :

« La cour de cette mosquée est pavée de marbre, et les murs en sont revêtus de *kâshâni* qui ressemblent au *zellij*. Une rivière la traverse ; il s'y trouve plusieurs espèces d'arbres, des ceps de vigne et des jasmins. On a coutume de lire chaque jour, dans la cour de cette mosquée, après la prière du soir, la sourate *Yâ Sîn*, celle de la Victoire, et la sourate *'Amma* ; les habitants de cette ville se rassemblent pour cet objet[53]. »

Quelques versets de cette dernière sourate conviennent particulièrement bien à la description du lieu où elles sont lues :

« Nous faisons descendre des nuages de l'eau en abondance, pour faire germer par elle le grain et les plantes, et des jardins plantés d'arbres[54]. »

50. Voir à ce sujet le récent ouvrage de D. Diba, Ph. Revault et S. Santelli, *Maisons d'Ispahan*, Paris, 2001.

51. Jane Dieulafoy, p. 306.

52. Pierre Loti, *Vers Ispahan*, p. 223.

53. Ibn Battûta, *Voyages*, I, p. 257 ; les sourates mentionnées correspondent à XXXVI, XLVIII et LXXVIII (appelée en réalité « La grande nouvelle »).

54. Coran, sourate LXXVIII, « La grande nouvelle », versets 14-16.

À GAUCHE Kâshân. Maison Tabâtabâ'i ; le grand eyvân *sur cour, sous lequel se trouve l'entrée du* sardâb.

Mâhân. Portail d'entrée au Bâgh-e Shâh-zâde, XIXᵉ siècle.

Mâhân. Minaret du mausolée de Shâh Ne'mat-ollâh, XIXᵉ siècle.

Chiraz. Tombeau de Hâfez (reconstruit en 1935).

JARDINS D'ÉTERNITÉ

Certains tombeaux se distinguent non seulement par leur caractère parfois monumental mais aussi parce qu'ils se trouvent au sein d'un jardin ; cette association d'un ensemble funéraire avec un jardin évoque tout naturellement une espèce de vision prémonitoire du paradis. Du reste, le mot même qui désigne certaines de ces tombes (*raudha*) est à l'origine un terme qui signifie « jardin ». Les exemples les plus connus de ces tombeaux-jardins sont sans nul doute ceux des empereurs mogols de l'Inde, au premier rang desquels on trouve le très célèbre Tâj Mahal d'Agra, commencé en 1632. Pourtant, il est probable qu'avant cette date de tels jardins funéraires aient existé dans d'autres régions. Ainsi, en 1879, le voyageur Edmond O'Donovan indique que le tombeau du sultan Sanjar à Marv (dans le Turkménistan actuel) se trouvait à l'intérieur d'un enclos de plus de 500 mètres de côté, fait de briques et scandé de tours. Quatre portes ouvrant sur quatre allées conduisaient au tombeau[55] ; ce vaste terrain entourant l'édifice funéraire étant dépourvu de ruines, il se pourrait que cet enclos ait autrefois abrité un jardin quadripartite (un peu irrégulier, d'après ce que l'on peut observer sur d'anciennes photos aériennes) ; dans ce cas, il s'agirait sans doute de l'un des premiers « jardins funéraires » monumentaux qui nous soit parvenu.

Des personnes plus modestes que les rois ont parfois bénéficié, après leur décès et souvent à la faveur d'un bienfaiteur, d'une ultime demeure placée dans un jardin. C'est notamment le cas de plusieurs poètes de la ville de Chiraz, comme Sa'di, Hâfez, ou Bâbâ Kuhi. Ibn Battûta écrit à ce sujet :

« Parmi les mausolées situés hors de Chiraz est le tombeau du vertueux cheïkh connu sous le nom de Sa'di. C'était le premier poète de son temps en langue persane, et il a souvent déployé beaucoup de talent dans ses compositions en arabe. De ce tombeau dépend un bel ermitage, que Sa'di a élevé en cet endroit, et dans l'intérieur duquel se trouve un joli jardin. Cet ermitage est situé dans le voisinage de la source du grand fleuve, connu sous le nom de Roknâbâd. Le cheïkh avait construit en ce lieu de petits bassins de marbre, pour laver les vêtements. Les citoyens de Chiraz sortent de la ville, afin de visiter ce mausolée ; ils mangent des mets (préparés dans l'ermitage), et lavent leurs habits dans ce fleuve ; puis ils s'en retournent. C'est ainsi que j'en usai près de cet endroit. Que Dieu ait pitié de ce cheïkh[56] ! »

55. Cité par J. Hoag, p. 98.

56. Ibn Battûta, *Voyages*, I, p. 425.

Le jardin de Hâfez à Chiraz

« Si ce Turc de Chiraz daignait se saisir de mon cœur,
Je donnerais pour sa mouche Samarcande et Boukhara.
Verse échanson le vin qui reste : tu ne trouveras au paradis
Ni les charmants bords de Roknâbâd, ni les jardins du Mosallâ. »
Hâfez de Chiraz (c. 1324-1389).

Le tombeau de Hâfez, le plus grand poète lyrique persan, qui vécut au XIVe siècle, est construit dans un petit jardin de sa ville natale ; la pierre tombale, en marbre gravé de poèmes du défunt, fut commandée en 1773 par Karim Khân Zand ; quant au pavillon octogonal qui le surmonte de nos jours, il ne date que de 1935. Pierre Loti nous a laissé une charmante description de sa visite en ces lieux, bien différents de nos jours de ce qu'il a pu observer :

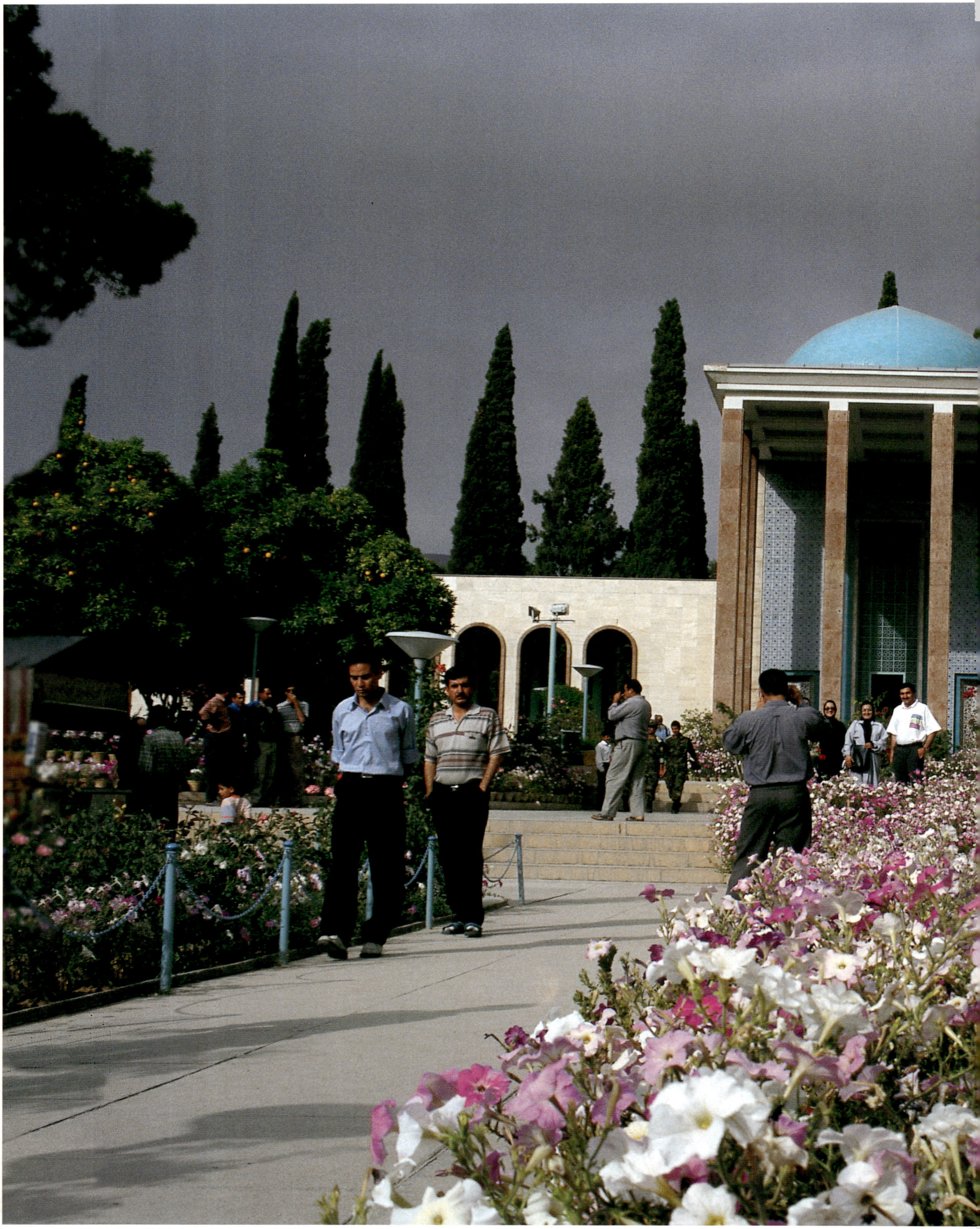

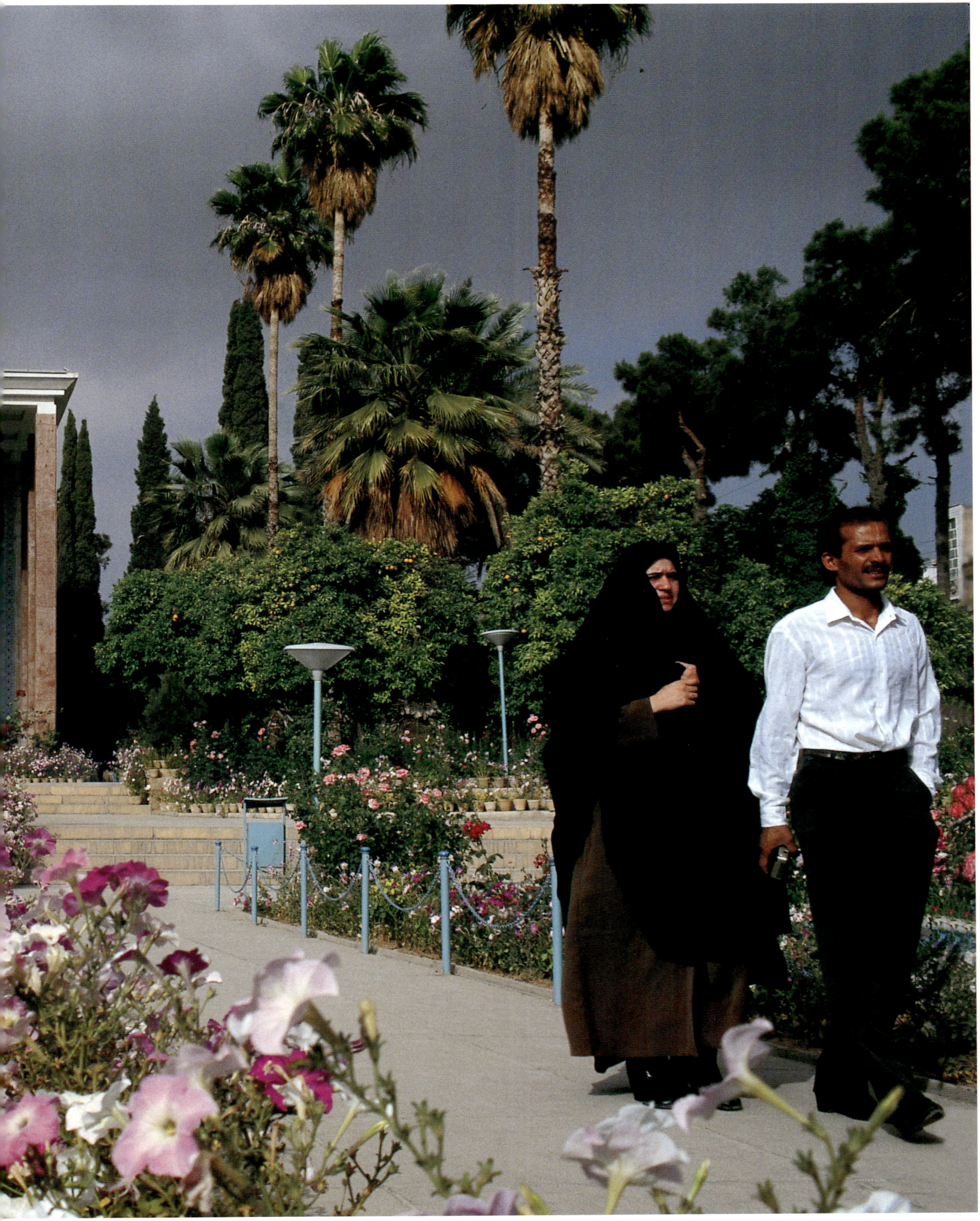

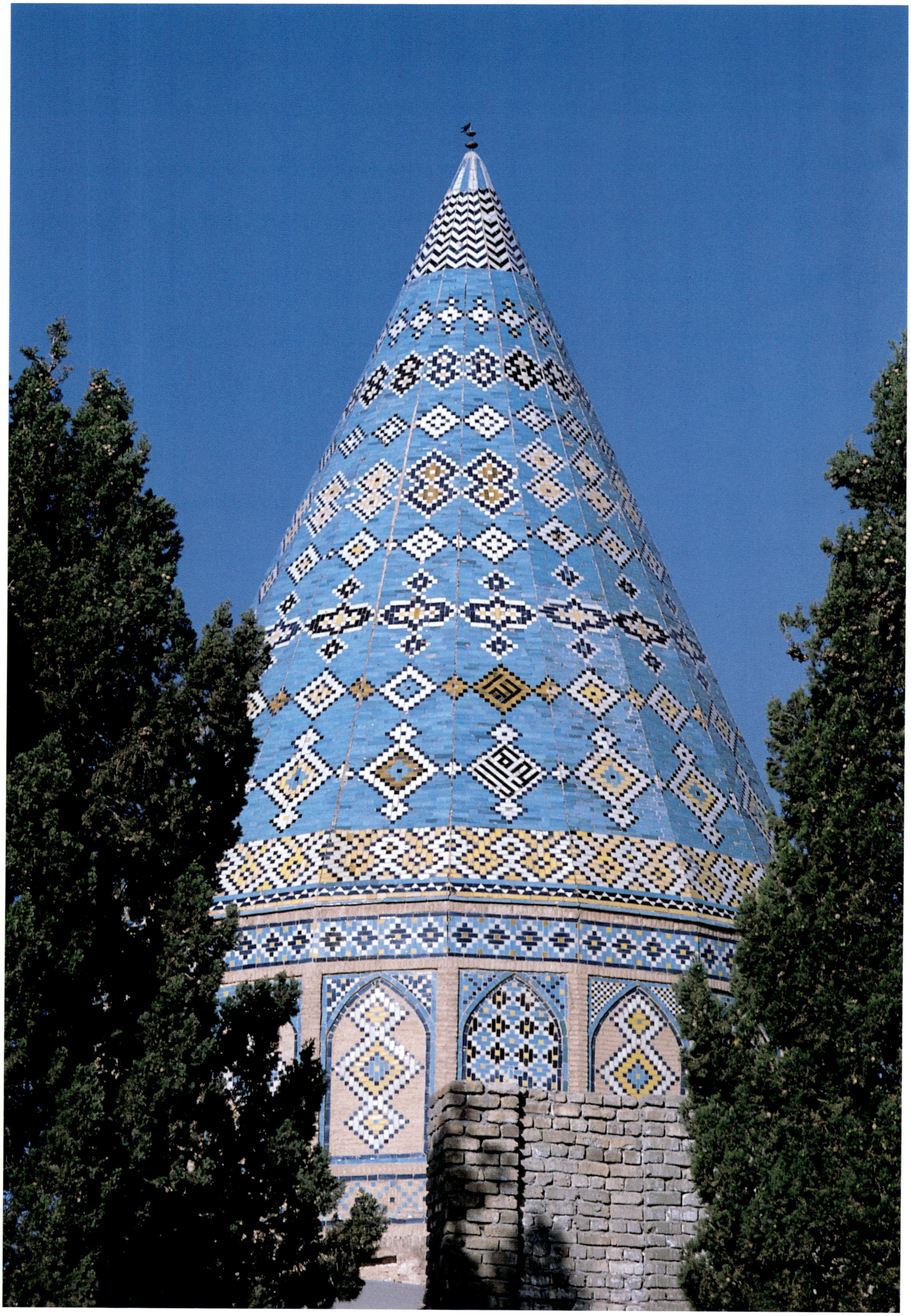

« Il dort, le poète, sous une tombe en agate gravée, au milieu d'un grand enclos exquis, où nous trouvons des allées d'orangers en fleur, des plates-bandes de roses, des bassins et de frais jets d'eau. Et ce jardin, d'abord réservé à lui seul, est devenu, avec les siècles, un idéal cimetière ; car ses admirateurs de marque ont été, les uns après les autres, admis sur leur demande à dormir auprès de lui, et leurs tombes blanches se lèvent partout au milieu des fleurs. Les rossignols, qui abondent par ici, doivent chaque soir accorder leurs petites voix de cristal en l'honneur de ces heureux morts, des différentes époques, réunis dans une commune adoration pour l'harmonieux Hafiz, et couchés en sa compagnie.

Il y a aussi, dans le jardin, des kiosques à coupole, pour prier ou rêver. Les parois en sont entièrement revêtues d'émaux de toutes les nuances de bleu, depuis l'indigo sombre jusqu'à la turquoise pâle, formant des dessins comme ceux des vieilles broderies ; de précieux tapis anciens y sont étendus par terre, et les plafonds, ouvragés en mille facettes, en mille petits compartiments géométriques, ont l'air d'avoir été composés par des abeilles. On entretient là, dans une quantité de vases, d'éternels bouquets, et, ce matin, de pieux personnages sont occupés à les renouveler : des roses, des gueules-de-lion, des lys, toutes les fleurs d'autrefois, dans nos climats, celles que connaissaient nos pères ; mais surtout des roses, d'énormes touffes de roses[57]. »

57. Pierre Loti, *Vers Ispahan*, p.104.

Le mausolée de Shâh Ne'mat-ollâh à Mâhân

Shâh Ne'mat-ollâh Vali Kermâni était un célèbre derviche qui créa sa propre confrérie soufie (les *ne'matollâhi*). Son mausolée à Mâhân, dans la province de Kermân, remonte au XVe siècle, bien que l'ensemble ait connu d'importants ajouts sous Shâh 'Abbâs puis à l'époque qâjâr. Le site a marqué de nombreux visiteurs, non seulement à cause de la beauté des monuments mais aussi en raison des jardins qui l'entourent et se prolongent, cinq kilomètres plus loin, par le Bâgh-e Shâhzâde ou « Jardin du Prince ». Ainsi, Robert Byron, souvent caustique ou narquois lors de ses notes de voyage, s'est ici laissé séduire par les charmes de ce haut lieu de la mystique :

« Le mausolée de Nimatollah apporte un soudain répit – bénédiction de l'eau et du bruissement des feuilles. Les coussins pourpres des arbres de Judée et des confetti de floraisons précoces se reflètent dans un long bassin. La cour suivante abrite un autre bassin, au plan cruciforme et entouré de parterres d'iris fraîchement plantés. Ici, il fait plus frais. Des cyprès droits et noirs, dominés par les parasols frémissants de pins à la croissance plus rapide, donnent une ombre profonde, sylvestre. Au milieu luit un dôme bleu parcouru d'entrelacs noirs et blancs, flanqué de deux minarets bleus (…) Tandis que le soleil couchant zèbre de flèches rouges le ciel gavé de sable, tous les oiseaux de la Perse se sont réunis pour un dernier récital. Lentement, l'obscurité apporte le silence, et les oiseaux se préparent au sommeil avec des volettements de plus en plus lents, évoquant les gestes d'un enfant qui rassemble sur lui les draps de son lit[58]. »

58. Robert Byron, *La Route d'Oxiane*, pp. 240-241.

DOUBLE PAGE PRÉCÉDENTE *Chiraz. Tombeau de Sa'di, dans la lumière de l'orage, XXe siècle.*
À GAUCHE *Kâshân, près de Fîn. Tombeau de Firuz Abu Lu'lu', XVe-XVIe siècle.*

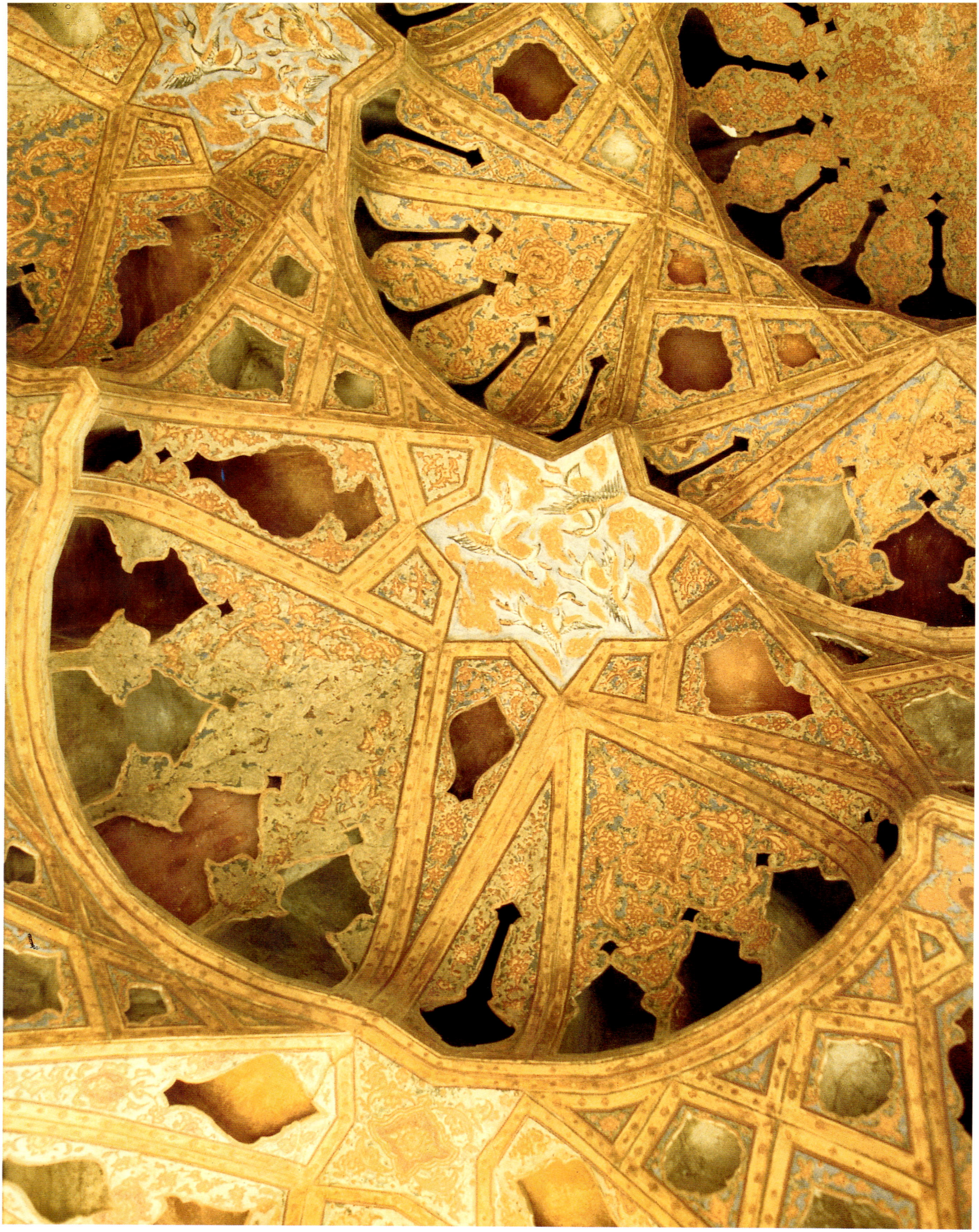

L'ORNEMENT

LA PEINTURE
LA CÉRAMIQUE
SCULPTURES DE PIERRE ET DE STUC
VITRAUX, MIROIRS ET BOISERIES

« Le jardin appartenait au calife, et il y avait au milieu un grand pavillon
qu'on appelait le Pavillon des peintures, à cause que son principal ornement
était des peintures à la persienne, de la main de plusieurs peintres de Perse
que le calife avait fait venir exprès. Le grand et superbe salon que ce pavillon formait
était éclairé par quatre-vingts fenêtres avec un lustre à chacune, et les quatre-vingts lustres
ne s'allumaient que lorsque le calife y venait passer la soirée, et que le temps était si tranquille
qu'il n'y avait pas un souffle de vent. Ils faisaient alors une très belle illumination qu'on apercevait
bien loin à la campagne de ce côté-là, et d'une grande partie de la ville. »

Les Mille et Une Nuits, « Histoire de Nureddin ».

Chapitre 3

L'ORNEMENT

L'ornement des palais est souvent l'élément qui permet de transmuter des constructions fréquemment exécutées avec des matériaux fort simples en véritables « palais des *Mille et Une Nuits* ». Les éléments du décor sont variés et tiennent en compte aussi bien l'habillage des murs et des plafonds que la nature des portes et fenêtres.

Nous avons évoqué plus haut, dans le texte de fondation du palais de Darius à Suse, l'extrême diversité des matériaux employés dans le décor de ce palais du Roi des rois. En sautant les siècles, et à une échelle moins « royale », on peut se faire une idée d'un « intérieur persan » en relisant ce passage de Loti concernant le salon d'une maison de la petite ville de Qomcheh (au sud d'Isfahan) :

« Le petit salon, où je veille à l'écart, est exquis d'archaïsme non voulu ; si on l'a ainsi arrangé, tout comme on aurait pu le faire il y a cinq cents ans, c'est qu'on ne connaît pas, à Koumichah, de mode plus récente (…) les yeux peuvent s'amuser à inventorier toutes choses sans y rencontrer un indice de nos temps. Par terre, ce sont les vieux tapis de Perse ; pour meubles, des coussins, et de grands coffres en cèdre, incrustés de cuivre ou de nacre. Dans l'épaisseur des murs, blanchis à la chaux, ces espèces de petites niches, de petites grottes à cintre ogival ou frangé, qui remplacent en ce pays les armoires, sont garnies de coffrets d'argent, d'aiguières, de coupes ; tout cela est ancien, tout cela posant sur des carrés de satin aux broderies surannées. Les portes intérieures, qui me sont défendues, ont des rideaux baissés, en ces soies persanes si étranges et si harmonieuses, dont les dessins, volontairement estompés, troubles comme des cernes, ne ressemblent d'abord qu'à de grandes taches fantasques, mais finissent par vous représenter, à la façon impressionniste, des cyprès funéraires[1]. »

1. Pierre Loti, *Vers Ispahan,* p. 180.

Les décors des palais persans ont recours à un large répertoire de motifs, alliant l'abstrait des arabesques ou de la calligraphie à des figures d'oiseaux, d'hommes et de femmes, souvent représentés dans des paysages enchanteurs.

On a d'ailleurs écrit bien des platitudes dans le domaine des arts « décoratifs » du monde iranien, qu'il s'agisse de la prétendue « interdiction de l'image » (un simple coup d'œil aux « miniatures » persanes permet d'en vérifier la fausseté) ou du fameux « horreur du vide » : un regard un tant soit peu attentif découvrira que si, dans certains espaces, la surface est effectivement saturée de motifs, on trouve souvent tout à côté un lambris de marbre blanc, le vide architectural d'un *eyvân* ou un simple mur de pisé, autant de plages de vide qui procurent à l'œil un certain repos.

Un fait qui peut parfois paraître bien curieux c'est l'appréciation des voyageurs occidentaux par rapport à ces représentations figurées. Tant que l'on s'en tient à des motifs purement abstraits, les voyageurs sont unanimes pour célébrer la finesse des rinceaux d'azur et d'or, semblables aux précieuses enluminures des manuscrits princiers. En revanche, dès qu'il est question de figures animées, qu'il s'agisse d'êtres humains ou d'animaux fantastiques, les voyageurs se permettent des affirmations qui feraient honte de nos jours à qui oserait les écrire. Tout à fait représentatif de cette tendance est le chapitre que Chardin intitule « De la peinture » :

« C'est particulièrement à cet art qu'il faut rapporter ce que j'ai insinué dans ce livre et dans le précédent, qu'en Perse les arts, tant libéraux que mécaniques, sont en général presque tous rudes et brutes, pour ainsi dire, en comparaison de la perfection où l'Europe les a portés (…) car ils entendent fort mal le dessin, ne sachant rien faire au

PAGE PRÉCÉDENTE Isfahan. Pavillon de ʿÂli Qâpu. Détail du plafond du « salon de musique ».
À GAUCHE Isfahan. Chehel-sotun. Peinture du grand salon représentant la bataille de Shâh ʿAbbâs contre les Ouzbeks, XVIIe s.

PALAIS ET JARDINS DE PERSE 155

naturel, et ils n'ont aucune connaissance de la perspective, quoiqu'ils aient des auteurs qui en aient écrit (…) La raison pour laquelle les Persans ont perdu la connaissance de la perspective et du dessin (…) n'est autre que leur religion, qui défend de faire des portraits des créatures humaines, et dont le scrupule est si grand parmi les docteurs, qu'ils interdisent même la représentation de toutes créatures animées (…) Les figures qu'ils font sont estropiées partout, tant celles des oiseaux et des bêtes que les autres, et leurs nudités surtout : il n'y a rien de plus mal fait (…) mais ils excellent dans les moresques, et à la fleur, ayant sur nous l'avantage des couleurs, belles, vives, et qui ne passent point[2]. »

Heureusement, depuis l'époque de Chardin, l'appréciation de la peinture persane a évolué et on ne peut plus imaginer écrire pareils commentaires. Cela ne limite pas pour autant d'autres critères d'appréciation, comme cet exemple sorti de la plume acidulée de Robert Byron, qui illustre surtout l'ignorance de l'auteur à propos d'un monument de Kermân : « Ensuite, le collège de Ganj-é-Ali Khan, un édifice plutôt laid et assez récent, mais où l'on trouve encore des mosaïques. Celles-ci représentent des dragons, des grues et d'autres animaux assez peu montrés dans l'iconographie persane [sic] : on se trouve devant une sorte de chinoiserie, mais on ne voit guère comment les notions chinoises ont pu arriver jusqu'à cette lointaine cité[3]. »

Le « collège » de Ganj 'Ali Khân tire son nom d'un gouverneur de la ville qui exerça sous les Safavides, au XVIIe siècle. À cette époque, la ville de Kermân est particulièrement réputée pour la fabrication de céramiques (vaisselle et carreaux), notamment exécutées en « bleu et blanc », en s'inspirant de modèles chinois qui ne manquent pas d'affluer dans la ville. En effet, la porcelaine de Chine, très prisée des cours musulmanes depuis l'époque des grands califes 'abbassides, était à l'époque safavide importée en grandes quantités. Les Safavides reprenaient ainsi une pratique déjà bien établie ; on connaît ainsi l'existence d'un « palais de porcelaines » à Samarcande, construit sous le prince Ulugh Beyk au début du XVe siècle, et disparu de nos jours. Shâh 'Abbâs, quant à lui, donna au sanctuaire de la ville d'Ardabil une magnifique collection de porcelaines qui fut abritée dans une pièce spécialement affectée à leur exposition, nommée *chini-khâne* ou « pavillon des porcelaines » ; cette collection se trouve de nos jours au Musée national, à Téhéran[4].

Le décor architectural, et en particulier celui des édifices à caractère religieux, connaît dans le monde musulman une réticence certaine pour l'art figuratif ; il en va tout autrement dans le contexte palatial. Dans le décor architectural, la brique se livre facilement à des arrangements géométriques ; les architectes et les maçons du monde iranien ont fait preuve d'une inventivité extraordinaire dans ce domaine, comme le montrent par exemple les tours de la citadelle de Karim Khân à Chiraz. L'adjonction de briques émaillées de couleur (*bannâ'i*) permet ensuite aux bâtisseurs d'introduire progressivement la polychromie dans l'architecture. Les jeux de constructions géométriques conviennent particulièrement bien pour souligner les lignes architecturales ; ceci est visible aussi bien sur les verticales des jambages qu'au niveau des arcs de cercle des baies et des voûtes recouvertes de *muqarnas* (ou « stalactites »).

Les motifs géométriques – tout comme ceux d'inspiration végétale – occupent la plus grande part des surfaces dans le décor architectural. On connaît d'ailleurs des traités de géométrie directement rédigés à l'usage des décorateurs de l'architecture[5]. Dans le monde iranien, on appelle les motifs d'entrelacs géométriques angulaires du nom de *band-e rumi* (litt., « lien de Rum ») ou encore de l'expression *gereh-bandi* (ce qui veut dire « former/fer-

---

2. Chardin, V, pp. 201-203.

3. Robert Byron, *La Route d'Oxiane*, p. 239.

4. Une étude est consacrée à cette collection : John A. Pope, *Chinese Porcelain from Ardabil*. Washington, 1956.

5. Voir par exemple le traité persan *Introduction aux figures analogues et correspondantes* ; manuscrit à la Bibliothèque nationale de France, ancien fonds persan n° 169, folios 180-199.

Isfahan. Pol-e Khwâju ; décor du pavillon, XVIIᵉ siècle.

Isfahan. Chehel-sotun. Décor du plafond du tâlâr en bois peint.

Isfahan. Chehel-sotun. Décor peint de rinceaux floraux sur les voûtes.

160 PALAIS ET JARDINS DE PERSE

mer des nœuds »). Quant au terme persan *hezâr-bâf* (« mille tissages »), il désigne les décors alternant briques écrues et briques colorées dans des motifs rappelant la vannerie.

La calligraphie est sans aucun doute le type de décor le plus significatif de l'ensemble de l'art musulman, en particulier dans les édifices religieux ; dans l'architecture palatiale, elle occupe une place bien moins importante. On rassemble sous l'appellation de « style koufique » toute une série de graphies qui ont en commun leur caractère anguleux, ainsi que, bien souvent, l'absence de signes diacritiques ; les styles koufiques regroupent cependant beaucoup de variantes, comme le koufique fleuri ou tressé ; de plus, les caractères peuvent être disposés de manière linéaire ou, au contraire, en forme de « labyrinthe ». Les styles cursifs arabes dérivent à l'origine du *naskhi* ou « style du copiste » ; regroupés sous le nom des « six qalams », les six styles de la calligraphie classique arabe (*thuluth, naskh, muhaqqaq, rayhân, tawqi'* et *riqa'*) furent « réinventés » à Bagdad au Xe siècle par le grand calligraphe Ibn Muqla, qui en fixa les règles[6]. Assez rapidement, les styles cursifs, plus faciles à lire que le koufique, se sont diversifiés ; le plus utilisé dans l'épigraphie monumentale est le *thuluth* (qui signifie « le tiers »), qui se caractérise par de hautes hampes verticales. Ce style calligraphique est largement répandu dans l'Orient musulman, d'abord sur les manuscrits et les objets, puis dans l'architecture.

L'ornement végétal dérive de la stylisation du répertoire décoratif de l'Antiquité tardive occidentale (notamment la feuille d'acanthe), mais aussi de motifs issus des arts du monde sassanide. Sous le nom générique d'« arabesques » (que les voyageurs français du XVIIe siècle appellent « moresques »), on regroupe souvent toute sorte de rinceaux de palmettes – bifides, trilobées ou quadrilobées – aux enroulements savants, et dont la particularité est de ne pas chercher à imiter le dessin d'une végétation naturelle ; ces motifs sont déjà bien présents dans les stucs des palais de Samarra, datant du IXe siècle. Dans les mondes iranien et turc, les motifs d'arabesques sont désignés, au moins dès le XVIe siècle, sous le nom de *eslimi* (« motif islamique »). Lorsque, au contraire, les motifs végétaux prennent un aspect plus « naturel », comportant notamment fleurs et feuilles de lotus, pivoines ou feuilles dentelées, que l'on devine inspirées des arts décoratifs d'Extrême-Orient, ces motifs sont appelés *khatâ'i* (« de Cathay »). Il arrive que les deux motifs (« *eslimi* et *khatâ'i* ») soient utilisés ensemble, formant un double réseau de rinceaux de palmettes combinés avec des branches fleuries ; on désigne alors le motif par le doublet « *eslimi-khatâ'i* ».

La notion de « paysage » comme sujet de peinture – qu'il s'agisse d'illustrations de manuscrits ou de décors muraux – n'a pas connu dans le monde iranien un intérêt comparable à celui que lui ont porté les peintres de l'Occident renaissant ou ceux de la Chine. Cette notion d'espace concret, dans lequel une scène narrative peut éventuellement prendre place, n'apparaît dans la peinture persane qu'à la suite de l'installation de la dynastie ilkhanide et donc sous l'influence de conceptions picturales originaires de l'Extrême-Orient. Les premières manifestations de scènes situées dans un « paysage » (avec les effets d'espace que cela implique) peuvent être situées dans les dernières années du XIIIe siècle. Dans les premières décennies du XIVe siècle, des apparitions de paysages sont visibles dans les productions des ateliers-bibliothèques de Tabriz. Dans les décors palatiaux, en particulier à l'époque safavide, il n'est pas rare de voir des panneaux représentant des fleurs et des arbres, au milieu desquels évoluent parfois des animaux. Parmi ces derniers, les oiseaux jouissent d'une faveur particulière ; c'est sans doute la nature même des animaux ailés, et donc de ce fait « habitants du ciel », qui leur confère

6. Voir Qâzi Ahmad Qomi, *Calligraphers and Painters*, trad. V. Minorsky, Washington, 1959, p. 56.

À GAUCHE
HAUT *Peinture des voûtes du vestibule, au pavillon de 'Âli Qâpu*, XVIIe *siècle.*
BAS *Plafond peint du* tâlâr *de Chehel-sotun*, XVIIe *siècle.*

cette place privilégiée dans le bestiaire des arts musulmans. Cela n'empêche d'ailleurs pas d'autres types d'animaux de meubler les décors, en particulier ceux qui sont issus du bestiaire fantastique, comme le dragon ou le *simorgh*, figuré à la façon du phénix chinois depuis l'époque ilkhanide, et dont on trouve des exemples dès la fin du XIIIe siècle sur les carreaux de céramique qui ornaient le palais d'Abaqa à Takht-e Soleymân.

S'il est bien connu que la représentation figurée est pratiquement bannie des monuments religieux (avec néanmoins quelques exceptions), le décor des palais fait très souvent appel à la figuration humaine. Depuis les premiers palais omeyyades à nous être parvenus (comme Qusayr 'Amra en Jordanie, début VIIIe siècle) jusqu'aux fragments de décors mis au jour par les fouilles du palais d'al-Mu'tasim à Samarra (IXe s.), les témoignages de peintures murales dont le sujet est le corps humain ne manquent pas dans des contextes palatiaux. Ces peintures et décors figuratifs sont souvent le fruit du caprice d'un prince, et son successeur peut très bien, dans un accès de bigoterie, les faire effacer ; les chroniques historiques nous livrent quelques exemples de ces crises de fanatisme. Dans le monde iranien, la figuration semble cependant faire partie intégrante du décor palatial. Les périodes anciennes nous ont livré peu de témoignages ; en revanche, les textes, une fois de plus, nous permettent de constater que l'ancienne tradition déjà visible à l'époque achéménide et qui consiste à orner le palais de figures telles que celle de la garde royale, perdurent encore à l'époque musulmane.

Il paraît évident que dans la plupart des cas ce ne sont pas les ouvriers artisans qui se chargent du dessin du décor ; cette tâche est réservée au « designer », le *naqqâsh*, qui fournit les cartons au céramiste ou au tailleur de stuc ; c'est ce que nous avons évoqué au sujet des panneaux de céramique du palais de Chehel-sotun. L'artisan décalque – notamment au moyen de peaux fines – le dessin du carton exécuté par le *naqqâsh*, puis perce les pourtours des motifs avec une épingle ; on obtient ainsi un poncif, qui, avec l'aide d'un tampon chargé de charbon en poudre, permet de répéter indéfiniment le même motif.

Les techniques qui permettent de décorer l'architecture sont riches et variées, mêlant souvent plusieurs matériaux, comme la peinture et le stuc, la marqueterie et le vitrail, la pierre et la céramique.

CI-DESSUS ET À GAUCHE Isfahan. Pavillon de Chehel-sotun. Peintures murales, première moitié du XVIIe siècle.

PALAIS ET JARDINS DE PERSE

Chehel-sotun. Peinture murale d'inspiration européenne ; vers 1660.

Kâshân. Maison Borujerdi. Peintures murales du Shâh-neshin *représentant notamment le portrait équestre d'un souverain, fin XIX* siècle.

Isfahan. Imâmzâde Ismâ'il ; décor peint d'une coupole.

LA PEINTURE

La peinture murale est l'une des techniques de décor les plus employées dans l'ornement des palais. Les fouilles de villes médiévales comme Nishâpur, dans le Khorâsân, ont permis de découvrir des fresques datant des Xe – XIe siècles, dont quelques fragments sont conservés au Musée national de Téhéran ou au Metropolitan Museum de New York[7]. De même, la découverte de la salle du trône du palais de Lashkari Bazar – l'ancienne Bost, en Afghanistan (fin XIe-début XIIe s.) – a été l'occasion de mettre au jour un important ensemble peint, représentant une garde royale composée d'une quarantaine de jeunes gens en armes[8]. Ces témoignages ne représentent malheureusement qu'une infime partie des décors peints qui ont existé pour les périodes anciennes ; les chroniques historiques ou les descriptions des voyageurs permettent souvent de se faire une pauvre idée de la richesse de ces décors disparus.

Ainsi, la période timouride (XVe siècle), pourtant plus récente, ne nous a livré que des témoignages littéraires mais aucun vestige. On sait notamment que Timour fit représenter sur les murs de ses palais des grandes compositions où se déployaient ses batailles en Perse, dans la plaine du Qipchaq ou en Inde. Comme nous le dit Ibn 'Arabshâh, « en agissant ainsi, son intention était que ceux qui ignoraient ses exploits eussent la possibilité de les voir et, pour ainsi dire, d'y assister[9]. » De même, d'après les mémoires de l'empereur Bâbour, le palais du jardin Delgoshâ était décoré de peintures murales représentant les victoires de Timour en Inde[10].

Nous connaissons d'ailleurs les noms de plusieurs peintres de cette époque, dont celui de Pir Ahmad Bâghshomâli. Bien qu'aucune peinture de manuscrit, pas plus que des fresques, ne puissent lui être attribuées avec certitude, son nom de « Bâghshomâli » pourrait le désigner comme l'un des artistes ayant travaillé à la décoration du palais du même nom, c'est-à-dire le « Jardin du Nord », à Samarcande. Ce jardin est cité dans les textes ; voici ce qu'en dit Sharaf al-Din Yazdi :
« Timour dédia ce palais à la princesse Baghifi Sultan, fille du prince Mirânshâh. Les murs étaient peints avec tant d'art par les plus savants peintres de Perse et de Bagdad, que les peintures du Livre de Mani [l'*Artang*, dont Timour conservait plusieurs pages dans ses collections] étaient moins belles que ces peintures, et plusieurs voyageurs s'écrièrent en les voyant que la *Maison des Peintures* du mythique palais de Chine est peu de chose en comparaison avec le Bâgh-e shomâl[11]. »

La peinture murale sous les Safavides

Contrairement aux époques précédentes, et malgré de très nombreuses dégradations subies au cours des derniers siècles, la peinture murale de l'époque safavide nous est un peu mieux connue, à la fois par des descriptions nombreuses et par quelques vestiges, remontant surtout à la deuxième moitié du XVIe et au XVIIe siècle[12].

On connaît les peintures murales de la première moitié du XVIe siècle essentiellement par des mentions dans les textes, dont celles du poète 'Abdi Beyk Shirâzi, qui semble se délecter dans les descriptions minutieuses de fresques à jamais disparues[13]. On peut se faire une idée du style de ces fresques par analogie avec les peintures de manuscrits que nous connaissons de cette époque.

---

7. Voir C.K. Wilkinson, *Nishapur, Some early Islamic Buildings and their Decorations*, 1986, pp. 205-208.

8. D. Schlumberger, *Lashkari Bazar*, pl. 120-126.

9. Cité par I. Stchoukine, *Manuscrits timûrides*, pp. 3 et 6.

10. Bâbur, trad. Beveridge, p. 78.

11. Cité par I. Stchoukine, *Manuscrits timûrides*, p. 4.

12. L'une des premières études consacrées à ce sujet est celle de J. Daridan et S. Stelling-Michaud, *La Peinture séfévide d'Ispahan. Le palais d'Ala Qapy*, Paris, 1930.

13. Voir E. Echraghi, « Description contemporaine des peintures murales disparues des palais de Shâh Tahmâsp à Qazvin », *Art et société dans le monde iranien*, éd. C. Adle, pp. 117-126.

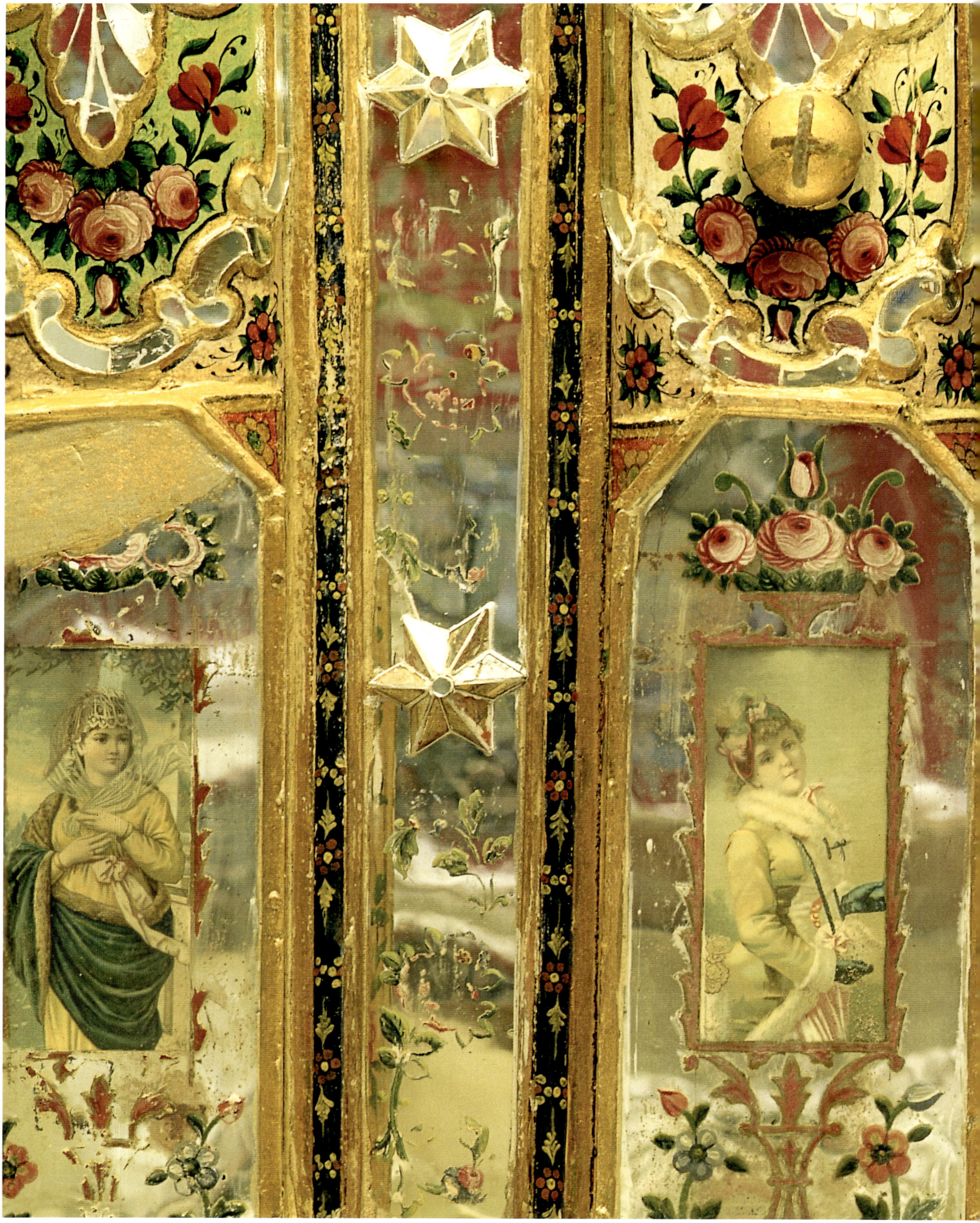

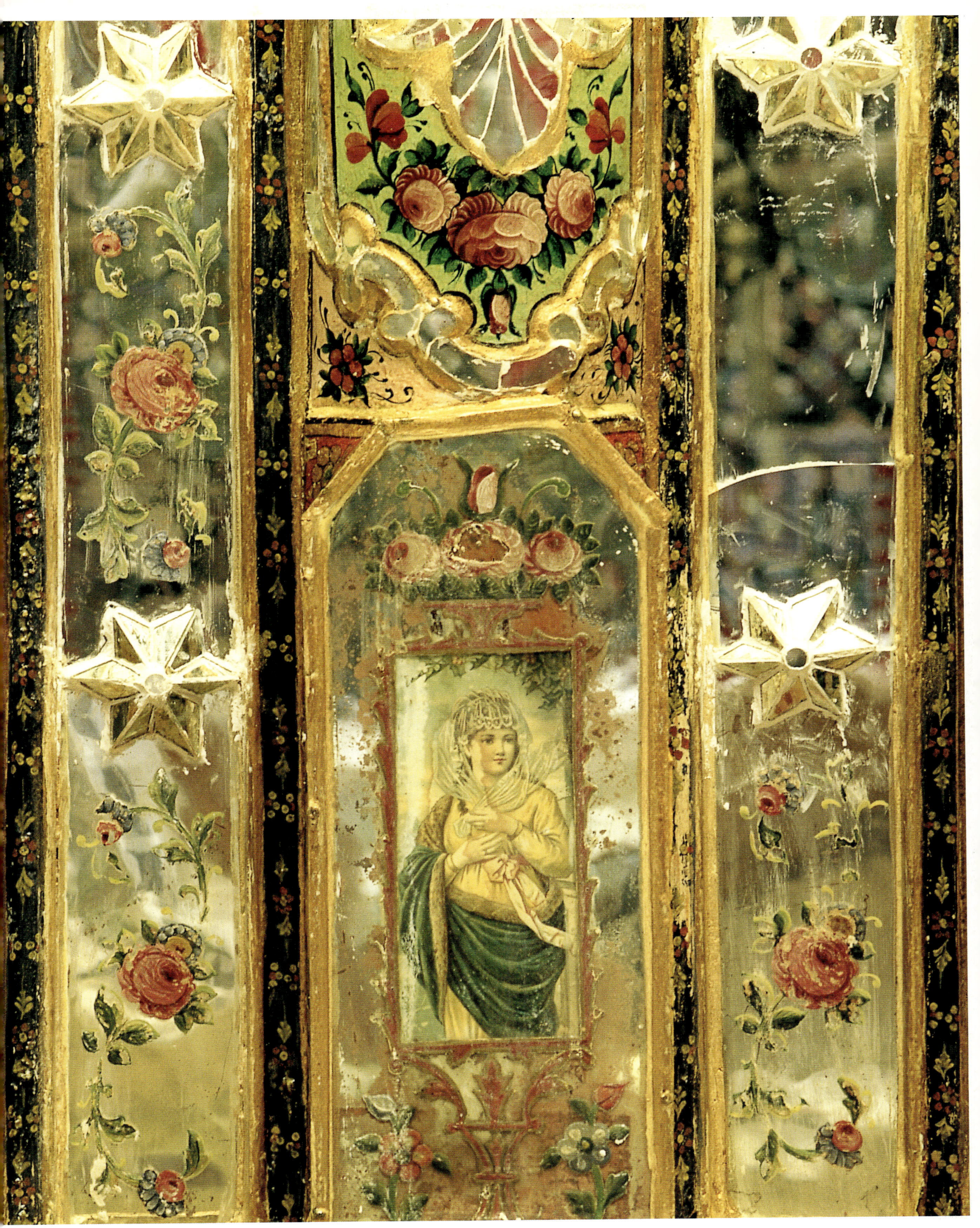

Nous avons vu plus haut le peu d'estime que Chardin montre pour les peintures figuratives qu'il a vues en Perse ; en revanche, son appréciation des décors de « mauresques », exécutés en peinture avec des effets de léger relief stuqué, est tout autre :
« Pour ce qui est des ornements, les plus ordinaires sont de peinture. Ils en font rarement de sculpture, et alors ce n'est que des fleurs et de feuillage qu'ils ébauchent grossièrement dans le plâtre avec le ciseau. Le relief, qui est assez plat, demeure blanc, et le fond est grisâtre. Ils peignent ces ébauches, et y mettent ensuite de l'or et de l'azur, avec quoi ces ornements deviennent fort beaux. J'ai déjà observé que les mauresques peintes sur les édifices sont fort belles, et font un charmant objet. La sécheresse de l'air y contribue extrêmement ; car elle empêche que les couleurs, qui ont déjà une vivacité incomparable, ne se passent. Je n'ai vu nulle part de si belles couleurs qu'en Perse, pour l'éclat, pour la force, et pour l'épaisseur, tant des couleurs d'art, que de celles de la nature. L'humidité de l'air, en Europe, répand un nuage sur les couleurs, qui les amortit, et qui en ôte la vivacité, de sorte qu'on peut dire que ceux qui n'ont jamais été dans les pays orientaux, ne connaissent point l'éclat et le brillant de la nature[14]. »

14. Chardin, IV, pp. 117-118.

Lorsqu'on observe les murs des palais, comme à 'Âli Qâpu par exemple, on ne peut en effet qu'être ébloui par la magnificence de ces rinceaux et de cette végétation fantastiques – un mélange de roses trémières et de pivoines exubérantes dans un réseau d'arabesques irréelles, au milieu desquelles évoluent parfois des faisans à l'œil rouge ou des rossignols ivres du parfum des roses. De même, il faut longuement arrêter son regard sur les niches découpées du « salon de musique », avec leur profil de bouteilles dont la dangereuse inclinaison semble d'elle-même annoncer de proches égarements, pour y découvrir, au milieu d'une harmonie de cinabre et d'or, des envols de grues d'un blanc de neige se détachant sur un ciel lapis-lazuli.

Dans les dernières années du XVIe siècle, sous le règne de Shâh 'Abbâs Ier, des relations diplomatiques sont tentées avec les puissances européennes, notamment pour essayer d'endiguer la puissance ottomane. Des échanges d'ambassades ont donc lieu, notamment entre Isfahan et Prague (où règne Rodolphe II de Habsbourg). Au cours de ces ambassades on procède à l'échange de cadeaux ; il est fort probable qu'il se trouve dans le lot qui échoit au shâh de Perse des peintures et des gravures des artistes alors honorés en Europe. Encore timides au début du XVIIe siècle, les signes d'une « européanisation » progressive de la perception picturale se font sentir de plus en plus dès les années 1660.

Plusieurs peintures des palais d'Isfahan, à 'Âli Qâpu ou à Chehel-sotun, présentent des thèmes inspirés d'œuvres européennes ; parmi celles-ci, certaines remontent à des modèles du début du XVIIe siècle alors que d'autres sont inspirées d'œuvres plus tardives. Il y aurait eu au palais d'Ashraf des peintures murales représentant Diane avec des nymphes ; les cartons de ces fresques sont attribués par certains au peintre 'Ali Qoli Jabbadâr (actif dans le dernier quart du XVIIe s.) et par d'autres à un peintre hollandais travaillant à la cour d'Isfahan, Philip Angel[15]. D'autres peintures, dans le même palais, que l'on connaît par les descriptions laissées par des voyageurs, représentaient des Persans, des Géorgiens, des Chinois, et un Anglais de l'époque de Jacques Ier (1566-1625).

15. McWilliams, « Allegories Unveiled, » 143. Voir Ouseley 1819-32, vol. 3, p. 27 pour Ashraf. Voir aussi Hanway (Wilber, p. 136).

Les voyageurs occidentaux mentionnent parfois la présence d'artistes européens en Perse ; Thomas Herbert cite un peintre nommé John, qu'il dit être hollandais ; Pietro

DOUBLE PAGE PRÉCÉDENTE Chiraz. Plafond de la maison Mantaqe-zâd, incluant des gravures européennes.
À DROITE Chiraz. Maison Nasir al-Molk. Décor des parties supérieures du mur, alliant la mosaïque de miroirs, le stuc et les chromos européens.

PALAIS ET JARDINS DE PERSE 171

Chiraz. Plafond en bois peint de la maison Nasir al-Molk, fin XIXe siècle.

172 PALAIS ET JARDINS DE PERSE

Chiraz. Plafond en bois peint de la maison Hajj Hassanli, XIXe siècle.

174 PALAIS ET JARDINS DE PERSE

Chiraz. Maison Qavvâm. Plafond en bois peint, XIXe siècle.
À GAUCHE *Chiraz. Maison Nasir Al-Molk. Plafond en bois peint, XIXe siècle.*

16. Cité par J. Carswell, *New Julfa*, p. 22.

17. Le Bruyn, p. 220.

18. Figueroa, pp. 204-5.

19. Sur toutes ces informations, voir Carswell, *New Julfa*, pp. 24-25.

della Valle, quant à lui, rapporte qu'il voyagea en compagnie d'un peintre flamand du nom de Giovanni, qui entra au service de Shâh 'Abbâs à Isfahan, avec un salaire annuel de 1 000 sequins, « parce que, parmi les Persans, il était unique dans le dessin[16] ». De même, d'après Tavernier, Shâh 'Abbâs II tenait à son service deux peintres hollandais. Un artiste hollandais nommé Le Bruyn, qui avait étudié à Rome puis visité la Russie et le Proche-Orient, poussa son voyage jusqu'en Perse ; il rapporte dans son récit de voyage qu'il y avait un peintre allemand à Isfahan peu avant son arrivée[17]. Figueroa dit qu'il a vu à Tajurâbâd, sur la route de Qazvin, des peintures exécutées par un artiste grec, ayant étudié en Italie, et récemment décédé[18].

En réalité, tous ces témoignages confirment une tendance vers une évolution du goût pictural d'inspiration européenne à laquelle la communauté arménienne d'Isfahan – regroupée essentiellement dans le faubourg de Jolfâ – n'est pas étrangère.

Plusieurs vestiges subsistent encore dans les édifices de ce faubourg ; ainsi, les peintures de la cathédrale Saint-Sauveur de Jolfâ sont en partie inspirées des gravures de Van Sichem. Ces dernières sont parues d'abord en 1629 à Louvain (Nouveau Testament), puis dans une bible en hollandais parue en 1646, avant d'être réutilisées notamment dans une version arménienne imprimée à Amsterdam en 1666. À noter que certaines gravures de Van Sichem sont inspirées de Dürer. Il est possible que l'exécution de ces peintures ait été dirigée par un peintre hollandais ; en revanche, il est certain que ce dernier était secondé par des artistes arméniens, dont l'un s'appelait Minas. Il semblerait par ailleurs qu'il y ait, au cimetière de Jolfâ, une tombe portant le nom d'un artiste anglais[19].

Les édifices religieux arméniens ne sont pas les seuls à témoigner d'un goût pour la peinture occidentale ; plusieurs maisons de riches marchands, dont celle d'un certain Soukias, comportent des peintures à sujets européens, y compris un portrait de Pierre le Grand de Russie.

Cette tendance à l'européanisation du goût pictural se prolonge et s'accentue au XVIIIe et surtout au XIXe siècle. La diffusion de plus en plus importante de gravures européennes envahit le marché persan. On voit ainsi, ornant les riches demeures, incrustées dans des cadres de plafonds ou de revêtements muraux, des gravures qui semblent sorties du *Jardin des modes*, ou de semblables parutions des Grands Boulevards parisiens.

Simultanément, avec l'arrivée de la dynastie qâjâr, une affection très nette pour les portraits royaux, exécutés notamment à l'huile sur toile, voit le jour non seulement dans les décors des palais persans, mais aussi sous forme de cadeau que l'on confie aux ambassades étrangères ; c'est ainsi que le Musée de Versailles a acquis un portrait de Fath 'Ali Shâh, aujourd'hui exposé au Louvre. Ce portrait fut remis par le souverain à A. Jaubert en 1806 pour l'offrir à Napoléon. À la suite de cet engouement, les portraits des souverains figurent également dans le décor des maisons particulières, comme à la demeure des Borujerdi de Kâshân. Curieusement, alors que les techniques picturales s'européanisent, une réticence demeure dans la peinture persane, que rien ne vient déranger : l'absence des ombres portées. Ainsi on peut observer, même dans des compositions copiées d'originaux sur lesquelles celles-ci figurent, que l'artiste persan les a ignorées, baignant la totalité de son œuvre dans une lumière égale et intemporelle.

À DROITE Kâshân. Imâmzâde Ibrahim. Peintures représentant des scènes du martyre de la famille de 'Ali, XIXe siècle.

PALAIS ET JARDINS DE PERSE 177

Chiraz. Hammam Vakil. Décors esgraffiés représentant des scènes de légendes.
À DROITE Le Prophète monté sur Buraq, XIXᵉ siècle.

PALAIS ET JARDINS DE PERSE 179

LA CÉRAMIQUE

« … *on y revêt des chambres de carreaux de fayence, comme les cheminées de Hollande* »
Chardin, IV, p. 126.

La céramique à décor émaillé a été l'un des modes d'ornement les plus prisés du monde iranien et ce dès l'époque achéménide, au cours de laquelle on a vu des artisans babyloniens fabriquer des briques à décor de figures pour le palais de Suse. À l'époque musulmane, et surtout à partir du XIIe siècle, les Iraniens ont porté l'art de la céramique architecturale à des sommets de technicité. Cependant, comme pour la peinture murale, les vestiges de décors palatiaux exécutés en céramique dans la période pré-mongole sont rares et fragmentaires. On en trouve notamment un exemple dans l'extrême-est iranien (aujourd'hui en Afghanistan), dans l'un des palais des souverains ghaznavides, sous forme de petits carrés à décor moulé et à glaçure monochrome[20].

20. Voir Y. Porter, *L'Art de la céramique*, pp. 38-39.

Plusieurs types de carreaux de céramique sont utilisés pour le décor monumental ; le plus simple est le carreau à glaçure monochrome. Celle-ci est souvent opacifiée (dans le cas du turquoise notamment) grâce à l'ajout d'oxyde d'étain. Les carreaux monochromes peuvent être lisses, agencés en lambris de plusieurs couleurs juxtaposées, ou comporter un décor sculpté ou moulé en relief.

Le lustre métallique

La technique du lustre métallique – l'une des plus complexes et des plus recherchées pour le décor architectural – apparaît paradoxalement dès le IXe siècle, à l'époque où les potiers 'abbassides mettent au point la fabrication de la faïence. Le décor au lustre métallique est obtenu grâce à la réduction de sels métalliques posés sur la glaçure, lors d'une dernière cuisson à faible température (environ 650°) en atmosphère riche en carbone (dite atmosphère réductrice). Une mince pellicule métallique se forme alors à la surface

HAUT Yazd. Lambris de la Mosquée du Vendredi, XVe siècle.

Chiraz. Mosquée Moshir, XIXe siècle. Le décor, exécuté à la façon des bannâ'i, *présente une série d'inscriptions en caractères koufiques.*

Chiraz. Mosquée Vakil. Voûtes de la salle de prières, XVIIIᵉ-XIXᵉ siècle.

Chiraz. Madrasa Khân. Décor d'une coupole alternant briques à glaçure et briques écrues, XIXe siècle.

Isfahan. Mosquée Sheykh Lotf-'ollâh, début XVIIe siècle. Pishtâq d'entrée, avec son revêtement de céramiques.

Isfahan. Mosquée du Vendredi. Eyvân sud de la salle de prière, orné d'une alternance de briques bannâ'i *et écrues,* XVe *siècle.*

21. *Idem*, pp. 34-35.

de la glaçure. Il est d'ailleurs surprenant que l'une des premières applications architecturales de cette technique soit justement un des palais du calife 'abbasside al-Mu'tasim[21].

Dans le monde iranien l'un des plus beaux ensembles de carreaux décorés avec cette technique dans un contexte palatial est la série de plaques à décor figuratif et épigraphique provenant du palais d'Abaqa à Takht-e Soleymân (Azerbaïdjan iranien, c. 1280). Dans ce palais, des frises comportant des vers du *Livre des Rois* de Firdousi alternaient avec des plaques à décor historié décorées de scènes animalières ; malheureusement, seuls quelques fragments de ces décors subsistent – provenant de ce site ou d'autres palais de la même époque –, dispersés de par le monde[22].

22. Voir à ce sujet A. S. Mélikian-Chirvani, *Les Frises du Shâh Nâme dans l'architecture iranienne sous les Ilkhân,* Paris, 1996.

Après la période mongole (ou ilkhanide), le décor de carreaux au lustre métallique perd beaucoup de son importance, surtout dans le décor des palais. D'autres techniques lui sont alors préférées, comme la mosaïque de carreaux découpés ou les décors polychromes « à ligne noire ».

Les décors « de petit feu »

Dès le XIIe siècle apparaît dans le monde iranien une autre technique de décor sur glaçure. Celle-ci permet d'ajouter aux couleurs de grand feu (cuivre, cobalt, manganèse, dont la cuisson se fait à près de 1 000° C), lors d'une troisième cuisson à faible température, des substances moins résistantes à la chaleur comme les engobes rouges et la feuille d'or. Ces procédés permettent d'avoir une gamme de couleurs accrue, et donnent le type de céramique appelé *haft-rangi* (« à sept couleurs ») ou *minâ'i* (« émaillé »). Très peu de vestiges de carreaux exécutés avec cette technique nous sont connus dans les décors des palais de l'Iran pré-mongol ; on en trouve en revanche des exemples dans l'un des palais du sultan seljoukide de Rum, en Anatolie (fragments conservés aujourd'hui au Musée de la *madrasa* Karatay à Konya, Turquie[23]).

23. Y. Porter, *L'Art de la céramique*, p. 182.

Cette technique sera abandonnée dans la deuxième moitié du XIIIe siècle. Toutefois, une technique voisine en prendra la suite, qui est connue sous le nom de *lâjvardina*. Le nom de celle-ci vient du cobalt (*lâjvard*), qui donne à ces céramiques leur couleur bleu-lapis caractéristique. Comme pour les *minâ'i*, la peinture est faite sur la glaçure ; cette production est comprise entre la fin du XIIIe et le milieu du XIVe siècle. De même que dans le cas de la céramique lustrée, les pièces décorées au petit feu recouvrent aussi bien des carreaux de revêtement que de la vaisselle. Utilisée fréquemment en alternance avec des carreaux décorés au lustre métallique, on trouve également à Takht-e Soleymân des fragments de *lâjvardina* qui portent notamment des motifs d'animaux fantastiques (*simorgh,* dragon) exécutés en léger relief.

La recherche de la polychromie

A l'époque seljoukide, en Iran, puis en Anatolie, ce sont surtout des carreaux bleu turquoise qui sont utilisés pour animer les constructions de brique ; dès le début du XIVe siècle, au mausolée d'Uljaytu à Soltaniye, le bleu de cuivre se combine avec le cobalt et le blanc, parfois aussi avec des carreaux noirs. À la fin du XIVe siècle apparaît également le jaune; ces différentes couleurs, d'abord utilisées sous la forme de briques émaillées sur une face (appelées *bannâ'i*) commencent alors à être découpées dans des plaques plus

Exemples d'utilisation de la mosaïque de carreaux découpés (kâshi-ye mo'arraq).
À gauche, lambris de la mosquée Vakil, à Chiraz ; au centre, voûte de muqarnas *à l'entrée d'une maison de Chiraz ; à droite, lambris de la mosquée Mozaffari à Kermân.*

Panneaux de carreaux à décor polychrome, à Chiraz. À gauche, madrasa Khân ; au centre, mosquée Nasir al-Molk ; à droite, mosquée Moshir, XIXᵉ siècle.
À DROITE *Chiraz. Masion Qavvâm. Niche décorée de personnages traités en carreaux polychromes, XIXᵉ siècle.*

PALAIS ET JARDINS DE PERSE 189

fines, de façon à former des mosaïques de carreaux incrustés. Ce procédé, qui permet des créations extrêmement raffinées, sera particulièrement apprécié chez les Timourides. La même technique, avec une préférence presque exclusive pour les formes géométriques, est utilisée au Maghreb sous le nom de *zellij* (qui a donné en espagnol le terme *azulejo*). Dans le monde iranien, cette technique est appelée *kâshi-ye mo'arraq*, ce qui signifie « carreaux incrustés ». Encore une fois, les vestiges de décor exécutés avec cette technique dans les décors des palais sont très rares avant l'époque safavide ; on peut toutefois noter que plusieurs auteurs (comme Clavijo ou Sharaf al-Din Yazdi) les mentionnent pour l'époque timouride.

L'une des principales difficultés technologiques dans la fabrication de céramiques à plusieurs couleurs est le risque que celles-ci se mélangent au cours de la chauffe. De ce fait, l'apparition de carreaux polychromes « de grand feu » est assez tardive ; après quelques essais souvent étonnants mais isolés au cours des XIIIe (avec, à nouveau, le palais de Kubâdâbâd à Beyshehir[24]) et XIVe siècles, les décors polychromes se répandent surtout à partir de la deuxième moitié du XVe siècle.

24. Y. Porter, *L'Art de la céramique,* pp. 182-184.

Deux techniques bien distinctes utilisent des émaux polychromes ; la première, souvent appelée « cuerda seca », du nom espagnol de cette technique, consiste à séparer les différents aplats de couleur avec une substance composite et variable suivant les régions. Dans le cas de la céramique espagnole, cette ligne de séparation disparaît lors de la chauffe, laissant apparaître le motif écru. Au contraire, dans l'Orient musulman, cette ligne composée principalement de chromite devient noire à la chauffe et faiblement vitrifiée.

La deuxième technique concerne les décors polychromes sous glaçure : les motifs sont dessinés sur les carreaux à l'aide d'oxydes métalliques et fixés par une colle ; puis ils sont recouverts d'une glaçure qui devient transparente à la cuisson. Cette technique – notamment mise en œuvre dans les prestigieuses réalisations ottomanes d'Iznik – est assez rare dans les décors architecturaux iraniens avant l'époque qâjâr. On en trouve cependant quelques exemples étonnants avant cette date, comme à la Mosquée du Vendredi de Kermân (XVIIe siècle).

HAUT Kermân. Mosquée du vendredi. Panneaux de carreaux à décor peint sous glaçure. XVIIIe s.

Chiraz. Maison Sâlehi. Panneaux de carreaux polychromes présentant des portraits dans des médaillons, XIXe siècle.

  Les décors effectués en carreaux polychromes – appelé également *haft rangi* ou « sept couleurs » en persan – font donc appel à une technique voisine de la *cuerda seca*. Cette technique, qui explose littéralement à la fin du XVIe siècle, montre le degré de perfectionnement auquel sont parvenus les céramistes iraniens de cette époque. En effet, la plupart des décors de céramique antérieurs sont composés d'une mosaïque de carreaux découpés et assemblés ; cette technique, si elle est plus lente d'exécution ne pose, en revanche, pas de problèmes de cuisson. Car tout le problème est là : comment obtenir la polychromie sans que les couleurs se chevauchent et fusent à la cuisson ?

  La base de ces carreaux *haft-rangi* est une pâte siliceuse – ou argilo-siliceuse – sur laquelle est posée un émail blanc opacifié au quartz. Il ne s'agit donc pas de faïence à proprement parler (pâte argileuse et émail stannifère). Les glaçures colorées sont séparées par une ligne noire peu fusible qui évite que les couleurs se mélangent pendant la cuisson.

  Les premières tentatives de carreaux polychromes « à ligne noire » datent du milieu du XIVe siècle ; mais – technique trop difficile ou trop coûteuse – les surfaces couvertes sont rarement importantes à cette époque. Certains auteurs (comme Jane Dieulafoy, voir p.7)

PALAIS ET JARDINS DE PERSE 191

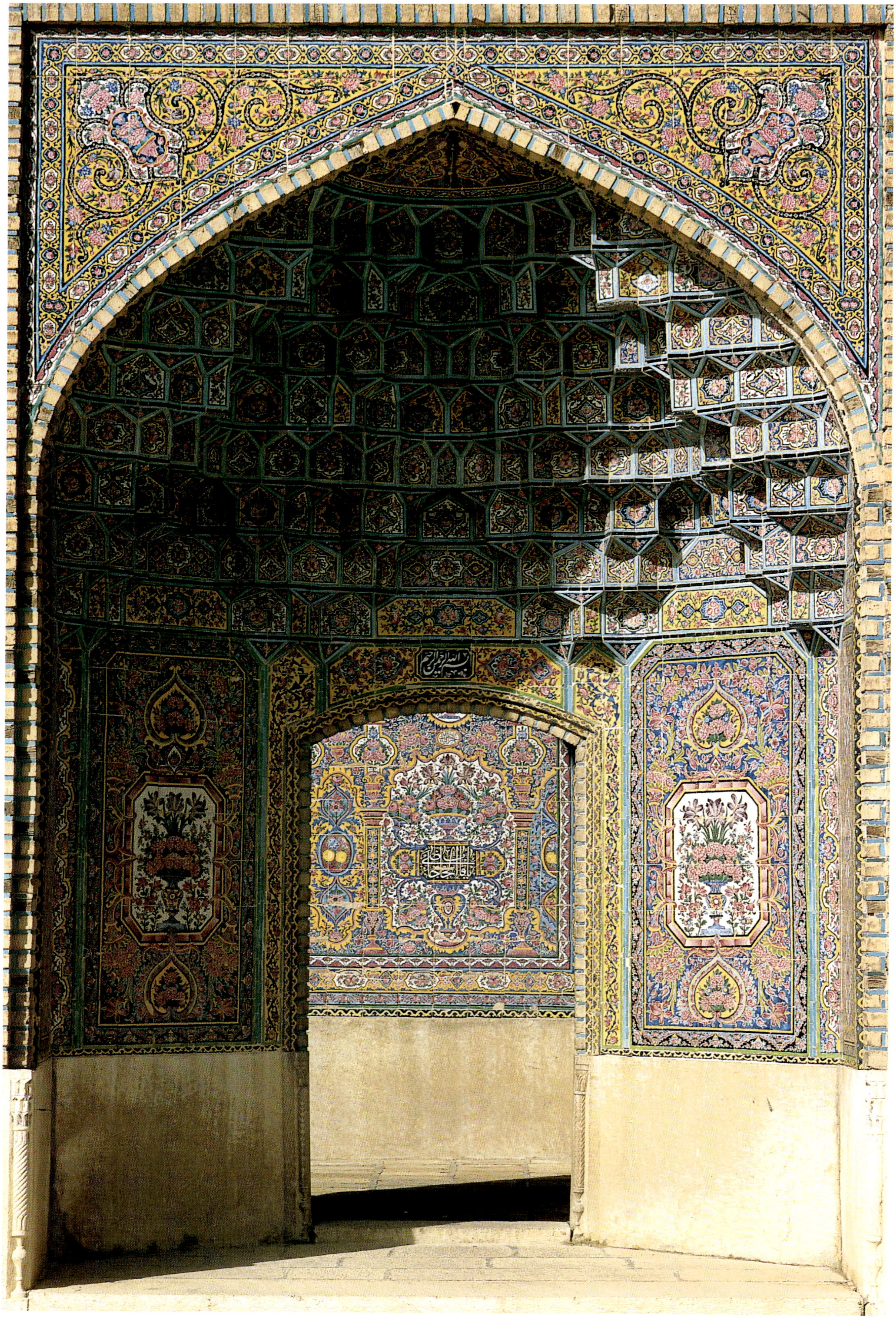

Chiraz. Entrée du hammam Tavakoli, début XXᵉ s.
À GAUCHE *Chiraz. Mosquée Nasir al-Molk ; pishtâq à décor de carreaux polychromes, XIXᵉ siècle.*

considèrent que la solution choisie par les artisans de Shâh 'Abbâs de couvrir de telles surfaces de carreaux de céramique – et non de mosaïque – est une solution de facilité : c'est ignorer les siècles d'effort qui ont permis un tel aboutissement technologique.

Dès la fin du XVIe siècle et pratiquement jusqu'à nos jours, les carreaux polychromes « à ligne noire » deviennent l'un des principaux ornements des palais. La céramique a sur la peinture un avantage substantiel : c'est que, n'étant pratiquement pas poreuse, elle est moins sensible aux variations hygrométriques et s'altère donc beaucoup moins que la peinture. Comme on l'a signalé plus haut, de nombreux palais safavides comportaient d'importants décors de céramique ; certains panneaux, comme celui qui est conservé au Louvre – et qui représente un divertissement dans un jardin – proviennent en fait de ces palais. D'autres sites ont été plus chanceux et ont conservé leur décor *in situ* ; l'exemple du pavillon de Hasht-Behesht est sans doute le plus brillant.

L'habitude d'habiller les murs des palais de carreaux de céramique se poursuit à Chiraz sous les Zand, comme le montrent les charmants écoinçons du pavillon de Karim Khân ou les décors des bâtiments religieux qui ont enchanté Pierre Loti, comme ici, à propos de la mosquée du Régent :
« Ces mille dessins, si compliqués et pourtant si harmonieux, si reposants à voir, que les Persans reproduisent depuis des siècles pour leurs velours de laine ou de soie, ont été prodigués ici, sous l'inaltérable vernis des faïences ; ils recouvrent du haut en bas toutes les murailles ; quant à ces grands panneaux de fleurs, qui, par endroits, viennent rompre la monotonie des arabesques, chacun d'eux est une merveille de coloris et de grâce naïve. On dirait que toutes les murailles du vaste enclos ont été tendues de tapis de Perse aux nuances changeantes. Et les lézardes profondes, qu'ont faites les tremblements de terre en secouant la vieille mosquée, simulent des déchirures dans les tissus précieux[25]. »

25. Pierre Loti, *Vers Ispahan,* p. 110.

Les Qâjârs, quant à eux, poussent leur utilisation encore plus loin, couvrant – comme au Palais du Golestân de Téhéran par exemple – de larges surfaces tapissées de bouquets de fleurs, d'images du *Shâh-nâme,* ou de petits paysages à la mode européenne, d'une naïveté parfois déroutante. Ce même goût, volontiers éclectique, se retrouve dans les riches demeures ; on voit dans celles-ci des portraits exécutés en céramique polychrome bordés de galons fleuris ou de médaillons à paysages évoquant des œuvres inspirées de l'école de Barbizon.

Au cours du XIXe siècle, les carreaux peints sous glaçure connaissent une grande vogue ; souvent produits en série dans des ateliers spécialisés, ces carreaux adoptent des formes d'étoiles, de cercle ou de carré, et se voient meublés de scènes d'une extrême variété, tirées des grands romans classiques persans, ou figurant des portraits des rois légendaires. Curieusement, sous l'influence grandissante de la photographie (notamment véhiculée par la reproduction lithographique), on voit également apparaître des portraits exécutés d'après des photographies et représentant les souverains régnants ou des personnages importants de l'époque. Cette technique de céramique peinte sous glaçure continue d'ailleurs d'être pratiquée de nos jours, avec plus ou moins de bonheur.

Chiraz. Maison Sâlehi, XIXe siècle.

SCULPTURES DE PIERRE ET DE STUC

La sculpture en Perse a été largement répandue aux périodes pré-islamiques, avec une nette préférence pour le bas-relief (par opposition à la ronde bosse). Il suffit, pour l'illustrer, de voir les reliefs nombreux qui ornent les palais de Persépolis, pour l'époque achéménide. Loti écrit à propos des reliefs de Persépolis :

« Les personnages ont gardé, sur leurs robes assyriennes ou sur leurs chevelures soigneusement calamistrées, le luisant des marbres neufs ; les uns se tiennent assis, dans des attitudes de dignité impérative, d'autres tirent de l'arc, ou luttent avec des monstres. Ils sont de taille humaine, le profil régulier et le visage noble. On en voit partout, sur des pans de muraille qui semblent aujourd'hui plantés sans ordre ; on les a tout autour de soi, en groupes intimidants ; et cette couleur de la pierre, toujours ce même gris sombre, donne quelque chose de funèbre à leur compagnie[26]. »

Cet art de la sculpture se poursuit à l'époque sassanide, avec la série des bas-reliefs de Naqsh-e Rostam ou de Bishâpur. À l'époque musulmane, la sculpture en pierre est relativement rare ; on lui préfère le stuc, dans lequel on façonne de larges compositions tapissantes souvent peuplées d'oiseaux et d'humains. Quelques sculptures en stuc de grande taille, datant de la période seljoukide et pré-mongole et provenant du décor de palais disparus, sont conservées dans les musées, comme au Metropolitan de New York, à Berlin ou au Louvre. Le plus souvent, les décors de stuc étaient entièrement composés de rinceaux de palmettes et de calligraphies. Cependant, les exemples de décors conservés *in situ* pour les périodes anciennes ne concernent, une fois de plus, que l'architecture religieuse.

R. Byron nous donne un aperçu de cet art du stuc au travers de quelques exemples particulièrement intéressants :
« Sur le chemin du retour, je me suis arrêté à Nain pour voir la mosquée qui, datant du IXe siècle, apparaît comme une des plus anciennes mosquées persanes. Les grappes de raisin en stuc qui l'ornent permettent de supposer que les conceptions hellénistiques ont – via le sassanide – influencé l'art musulman. Passé ensuite à Ardestan, où le stuc est employé de façon originale pour former une sorte de filigrane sur l'appareil de brique. Dans cette mosquée seldjoukide, qui date de 1158, on retrouve, quoique à un degré moindre, la pureté de formes caractérisant la petite salle à dôme de la Mosquée du Vendredi d'Ispahan[27]. »

On trouve également dans la mosquée d'Isfahan – mentionnée ici par Byron – le *mihrâb* d'Oljaytu, datant du début du XIVe siècle, et souvent considéré comme un chef-d'œuvre du stuc d'époque ilkhanide.

L'architecture de la période timouride se caractérise par l'aspect très lisse de ses structures, laissant peu de place aux reliefs sculptés. Ceux-ci existent cependant, notamment sous forme de lambris de pierre décorés de rinceaux et de motifs floraux ciselés en méplat.

À l'époque safavide, on trouve un certain nombre de véritables sculptures, réalisées en pierre, comme les bases des colonnes centrales au *tâlâr* de Chehel-sotun, qui figurent des lions adossés, et qui servaient en réalité de fontaine.

26. Pierre Loti, *Vers Ispahan,* p. 136.

27. Robert Byron, *La Route d'Oxiane,* p. 243.

À DROITE Persépolis. Escalier de l'Apadana. Ve s. av. J.-C.

PALAIS ET JARDINS DE PERSE 197

Naqsh-e Rostam. Scène d'investiture royale, III{{e}} siècle.

Naqsh-e Rostam. Triomphe de Shâpur (241-272) sur les empereurs romains Valérien et Philippe l'Arabe, IIIe siècle.

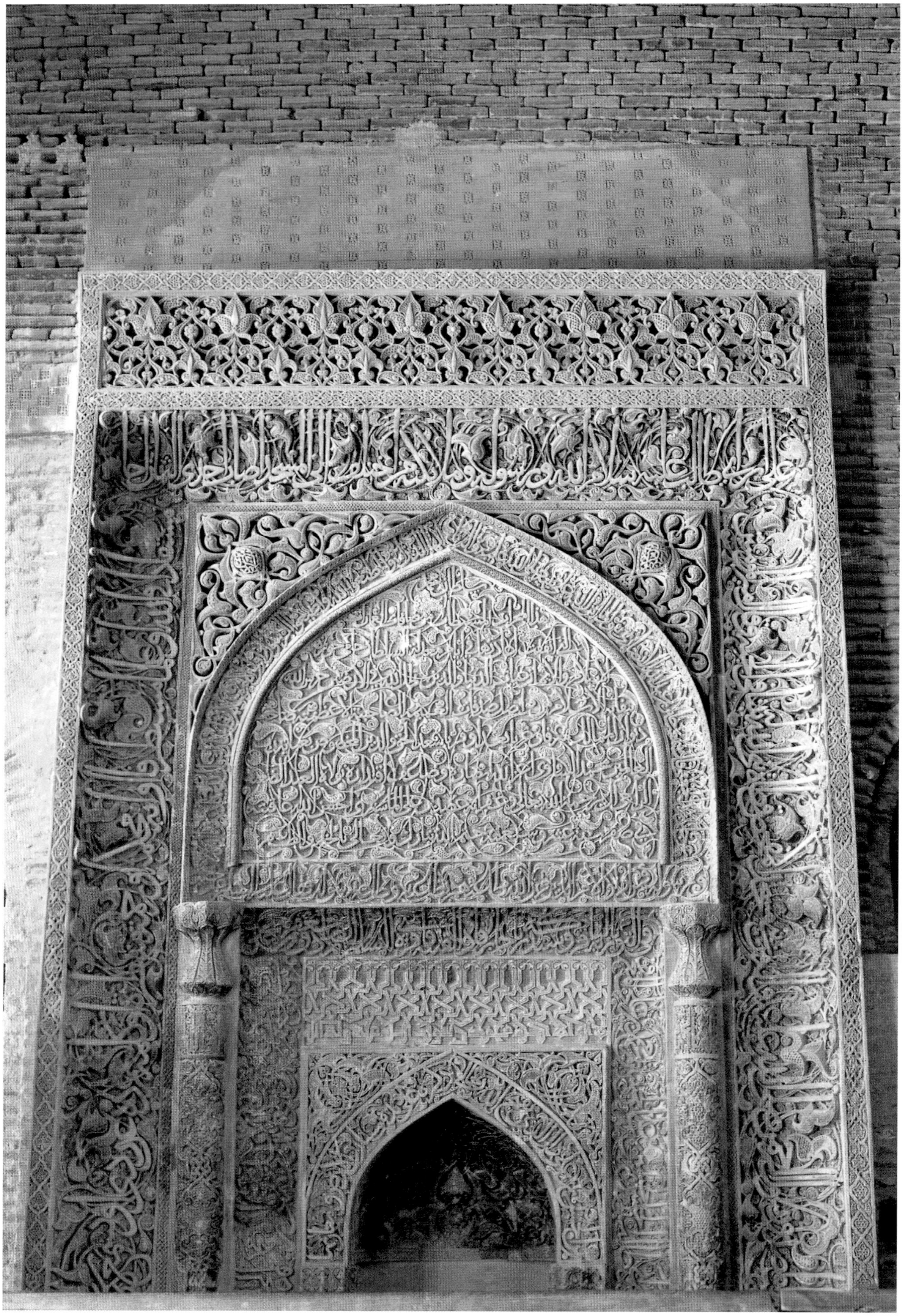

Base de colonne antropomorphe provenant du pavillon disparu de Sar-pushide à Isfahan, déb. XIXe s.
À GAUCHE Isfahan. Mosquée du Vendredi ; mihrâb d'Uljaytu, début XIVe siècle.

Chiraz. Maison Qavvâm. Bas-relief en pierre représentant des gardes, XIXe siècle.

Cheshme 'Ali, près de Reyy. Bas-relief de Fath 'Ali Shâh entouré de sa cour, début XIXᵉ siècle.

Kâshân. Maison 'Abbâssiân. Décor de stuc à motifs floraux.

Non loin de là, encadrant de nos jours le bassin de Chehel-sotun, sont conservées des sculptures représentant de jeunes personnes ; ces « caryatides », qui proviennent du pavillon appelé Sar-pushide, construit sous Fath 'Ali Shâh au début du XIXe siècle et entièrement disparu, avaient la même fonction que les lions de Chehel-sotun, c'est-à-dire qu'elles supportaient des colonnes et servaient de fontaine à la fois.

À Chiraz, sous les Zands puis sous les Qâjârs, on voit souvent apparaître, en soubassement des grands édifices civils prestigieux, des bas-reliefs en pierre représentant notamment des épisodes du *Livre des Rois* de Firdousi, d'autres romans classiques, ou figurant des personnages officiels de la cour. À Reyy, au bord d'une source où les habitants viennent toujours laver leurs tapis, se trouve sans doute le plus grand bas-relief qâjâr qui nous soit parvenu ; il représente, un peu à la manière des grandes scènes d'investiture royale de la période sassanide, le roi Fath 'Ali Shâh et sa cour.

Sous les Qâjârs, et en raison de l'occidentalisation progressive du goût que l'on a vu fleurir dans d'autres domaines des arts décoratifs, on assiste également à une floraison de gypseries (*gach-bori*) traitées à la manière rococo, avec abondance de guirlandes fleuries et de candélabres d'inspiration européenne. Les grandes demeures de l'époque, à Chiraz, à Isfahan ou à Kâshân en livrent de nombreux exemples, où des corbeilles de fruits en stuc, des cornes d'abondance ou des guirlandes de fleurs sont comme illuminées d'éclats de miroirs.

Chiraz. Pierre sculptée en méplat. Tombe de Hâjji Gharib.
DOUBLE PAGE SUIVANTE *Chiraz. Mosquée Vakil. Salle de prière, soutenue par des colonnes en pierre sculptée, XVIIIe siècle.*

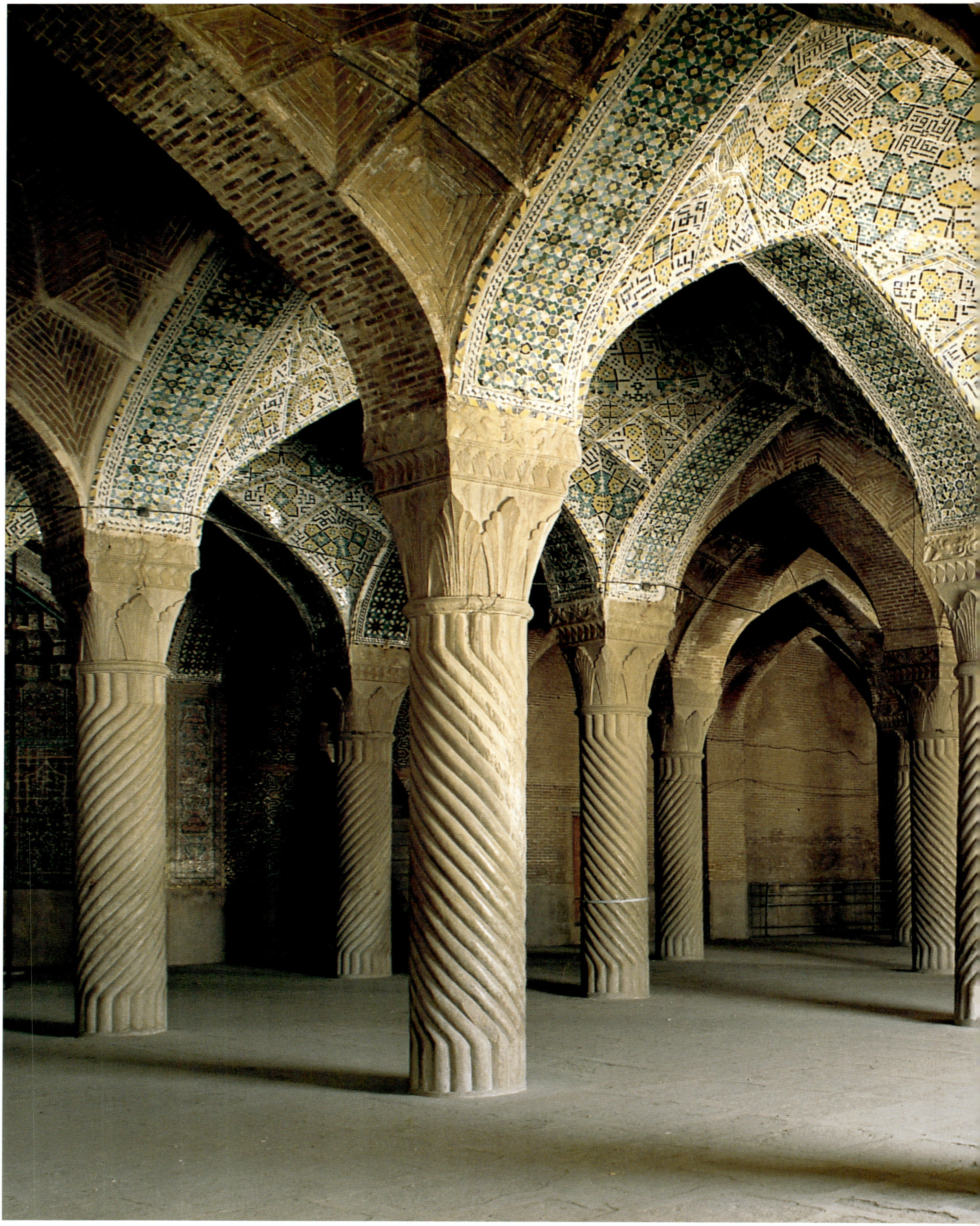

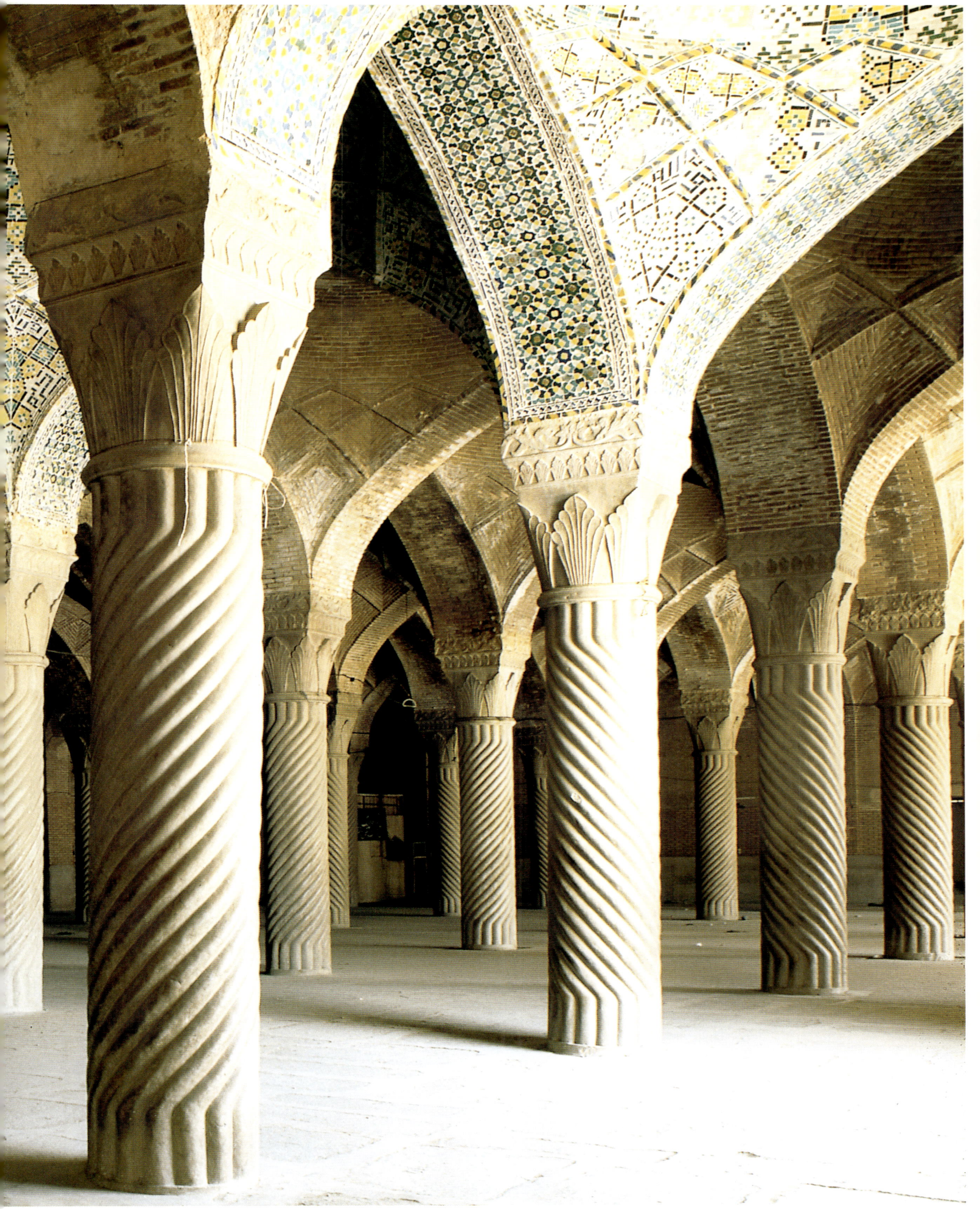

CI-DESSUS ET À DROITE *Chiraz. Maison Zeynat al-Molk. Lambris en pierre sculptée.*

PALAIS ET JARDINS DE PERSE 209

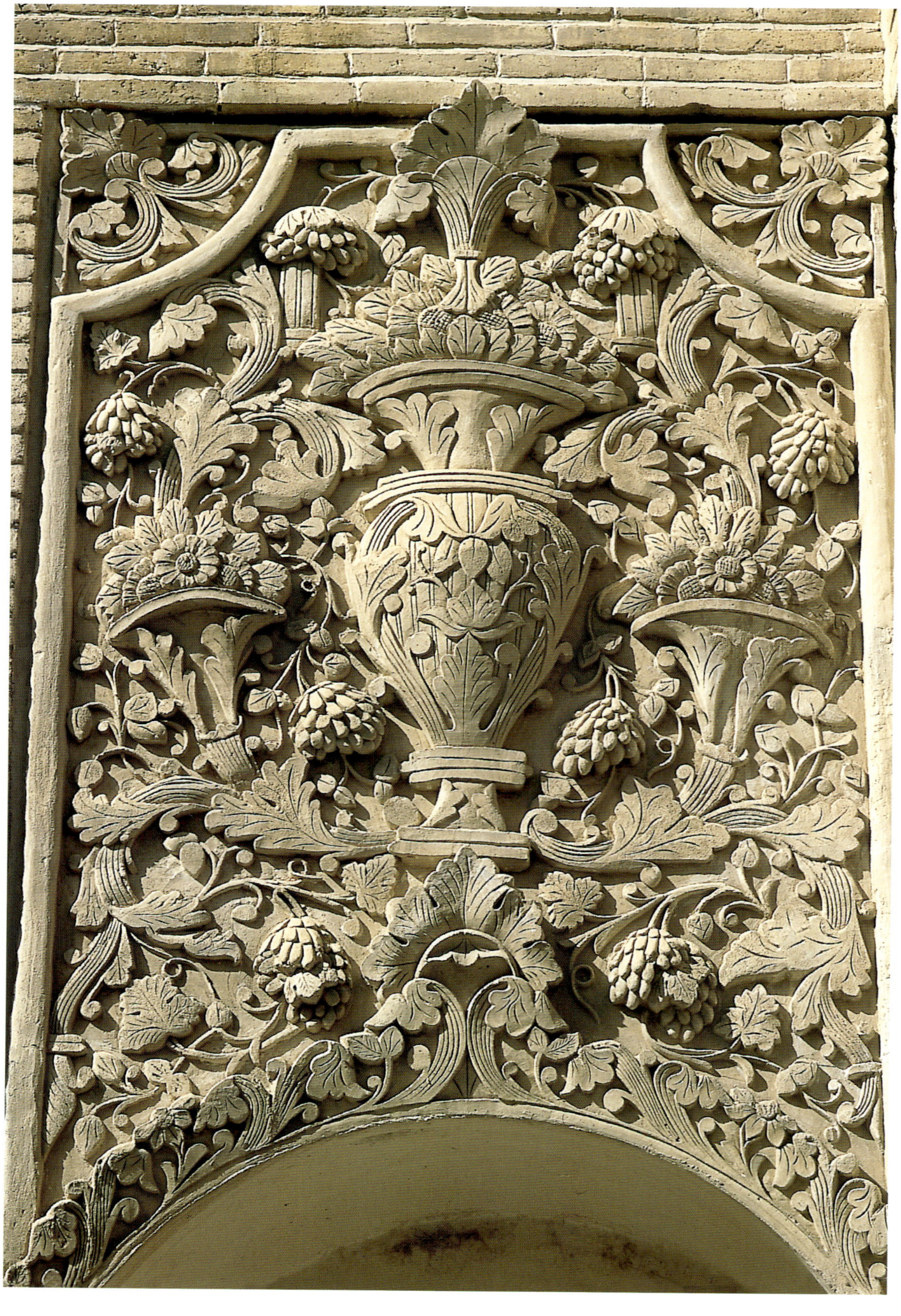

CI-DESSUS ET À GAUCHE *Kâshân. Maison Tabâtabâ'i. Décor de gypserie, façade sur cour, XIXᵉ siècle.*

Kâshân. Maison Tabâtabâ'i. Décor de stuc en méplat, XIXᵉ siècle.

Kâshân. Maison Tabâtabâ'i. Décor en stuc à motif du « faisan pâmé » sur composition florale, XIXe siècle.

Kâshân. Maison Borujerdi. Scènes de chasse au lion (CI-DESSUS) et de rapace attaquant un canard (À DROITE) exécutées en stuc, XIXᵉ siècle.

PALAIS ET JARDINS DE PERSE 215

VITRAUX, MIROIRS ET BOISERIES

« Elle est dans un jardin, comme au fond d'une gloire… »
Victor Hugo, *La rose de l'infante*.

Le verre, qu'il soit transparent, coloré ou transformé en miroir par un film métallique, se prête merveilleusement aux jeux de lumière. Dans un pays où la clarté du soleil est souvent écrasante, les verres colorés permettent de filtrer et de transformer ce trop-plein en arc-en-ciel. Quant aux jeux de miroirs, ils exaltent le souverain comme une gloire de lumière ou illuminent les coupoles d'éclats de diamant.

La fabrication de verres est une industrie très ancienne dont les débuts remontent aux civilisations de l'Égypte, de Mésopotamie et de Syrie ; de plus, les progrès réalisés à l'époque romaine ont eu lieu dans la même région. L'arrivée de l'Islam ne fit qu'augmenter le nombre de centres de production et on sait ainsi qu'à l'époque 'abbasside, des verres islamiques étaient exportés jusqu'en Chine. La coloration des verres est obtenue avec les mêmes oxydes que ceux utilisés en céramique.

Curieusement, après des siècles d'une production florissante, Chardin remarque (entre 1664 et 1681) que la verrerie en Perse est souvent de qualité médiocre ; il note que le verre de Chiraz est le meilleur et que le pire est celui d'Isfahan.

« Il y a des verreries dans toute la Perse ; mais le verre est la plupart pailleux, plein de vessies et de bulles, et grisâtre ; ce qui vient, sans doute, de ce que leur feu ne dure que trois ou quatre jours, et que leur *deremné*, comme ils l'appellent, qui est une sorte de bruyère, dont ils se servent pour le faire, ne prend pas tant de chaleur que la nôtre. Le verre de Chiras est le plus fin du pays ; celui d'Ispahan, au contraire, est le plus laid, parce que ce n'est que du verre refondu. On le fait au printemps communément. Ils ne savent point étamer le verre, ce qui fait que leurs miroirs de verre sont apportés de Venise, comme aussi leurs glaces de châssis et leurs belles bouteilles à prendre du tabac. Au reste, l'art de faire le verre a été porté en Perse, il n'y a pas quatre-vingts ans. Un Italien, nécessiteux et avare, l'enseigna à Chiras, pour cinquante écus[28]. »

Puis il ajoute, à propos de l'utilisation du verre dans les habitations :

« Dans les maisons du commun peuple, les fenêtres, qui ressemblent à nos jalousies, sont faites de bois de platane, qui est fort beau ; mais chez les grands, ce sont des châssis, dont les carreaux, qui sont faits d'un verre épais et ondé, afin qu'on ne puisse pas regarder au travers, sont de toutes couleurs, confusément et sans ordre, un rouge, un vert, un jaune, et ainsi des autres. Ils font aussi une manière de vitres, dont l'enchâssure est de plâtre, lesquelles représentent des oiseaux, ou des pots, ou des corbeilles de fleurs, et le reste est de morceaux de verre enchâssé de toutes couleurs, pour imiter le naturel de ce qui est représenté[29]. »

Un peu plus loin, Chardin précise la garniture des fenêtres, qui est suivant la fortune de la demeure, de verres de couleur ou bien de « toile cirée » - en réalité plutôt un papier huilé :

« Les châssis sont, ou des carreaux de verre, ou de toile cirée peinte, fort belle et transparente[30]. »

28. Chardin, IV, pp. 147-148.

29. Chardin, IV, p. 121.

30. Chardin IV, p. 123.

À DROITE Chiraz. Maison Nasir al-Molk. Décor de miroir du grand salon, XIXe s.
DOUBLE PAGE SUIVANTE Chiraz. Maison Qavvâm. Plafond à décor peint et incrusté de mosaïque de miroirs, XIXe s.

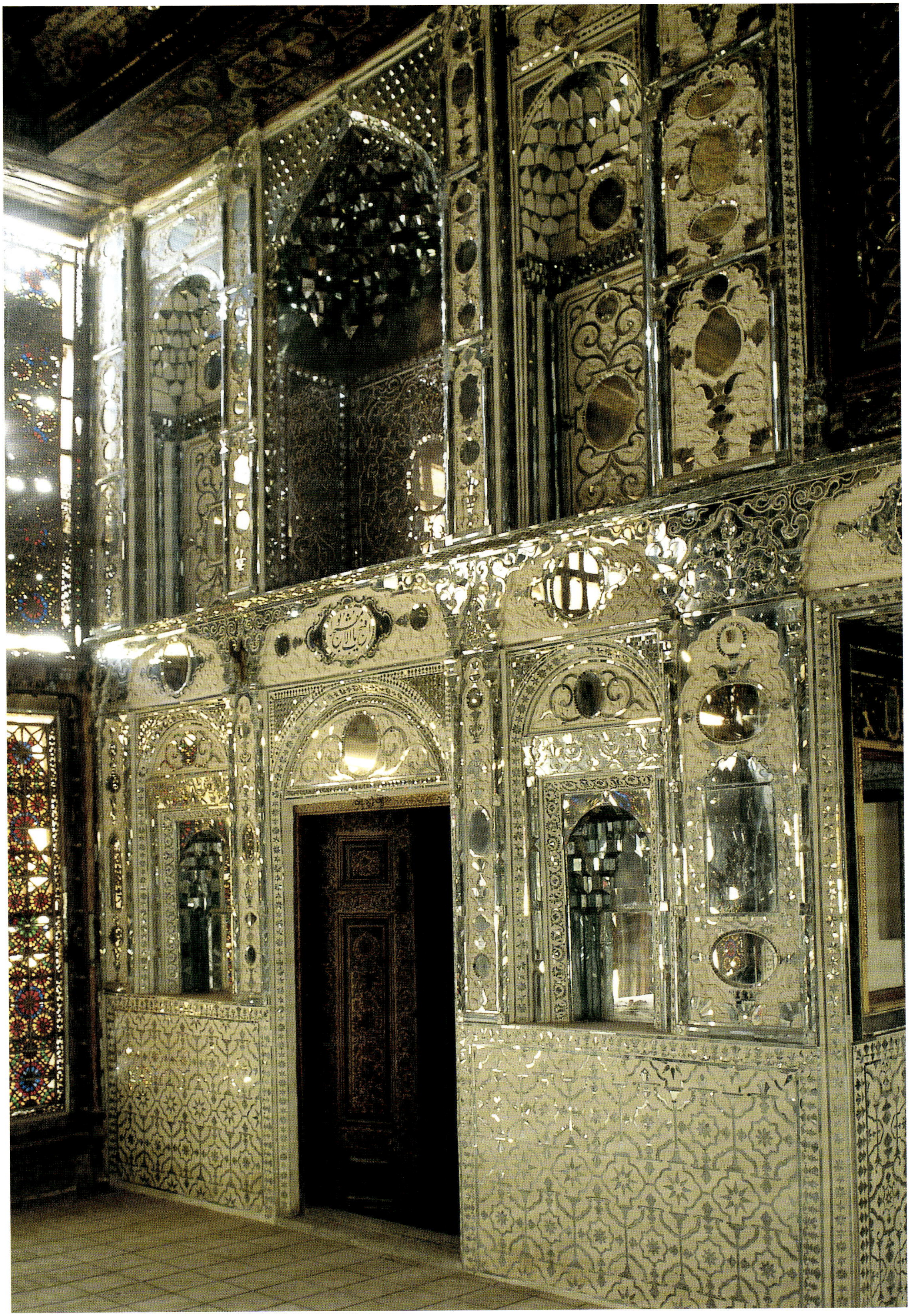

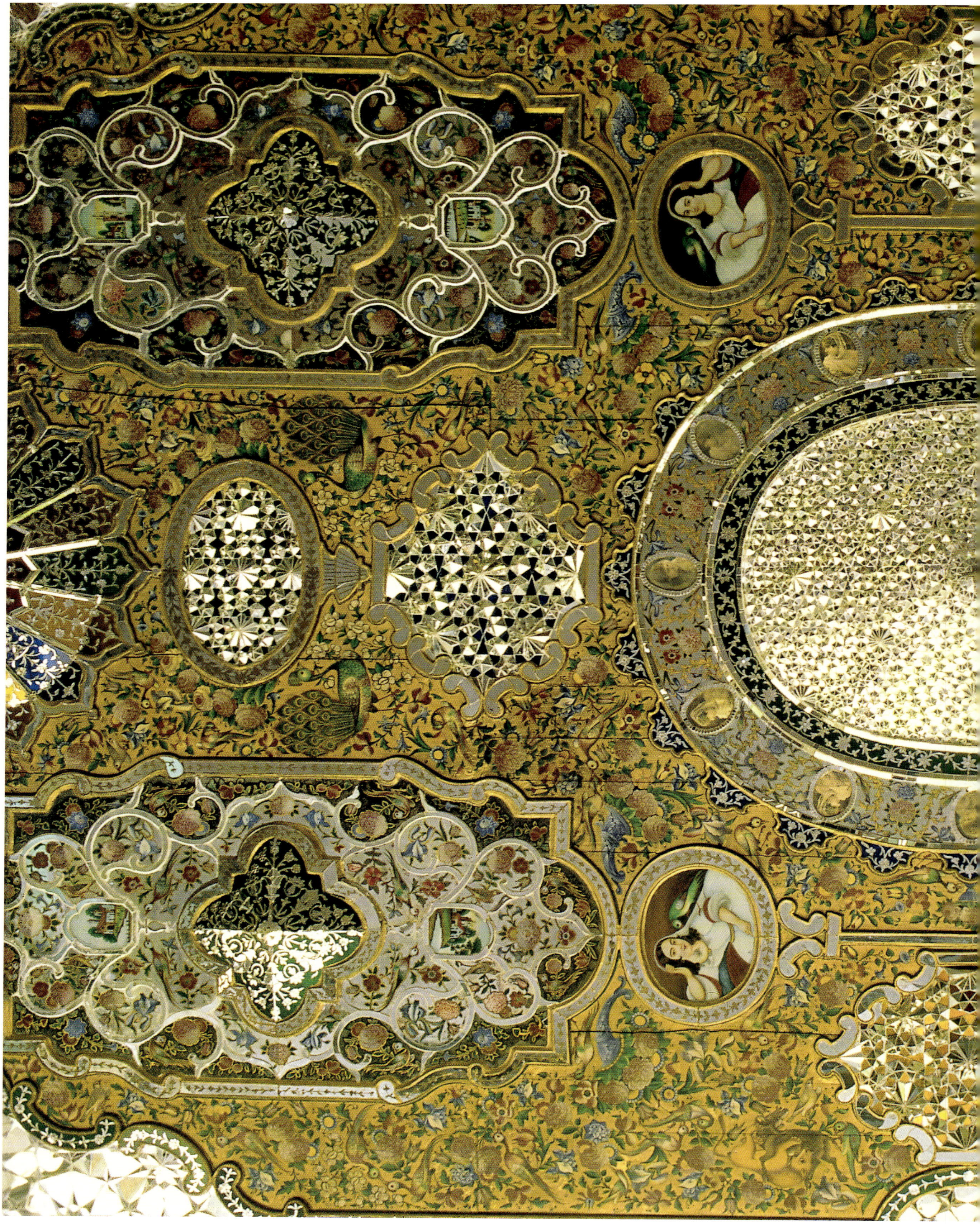

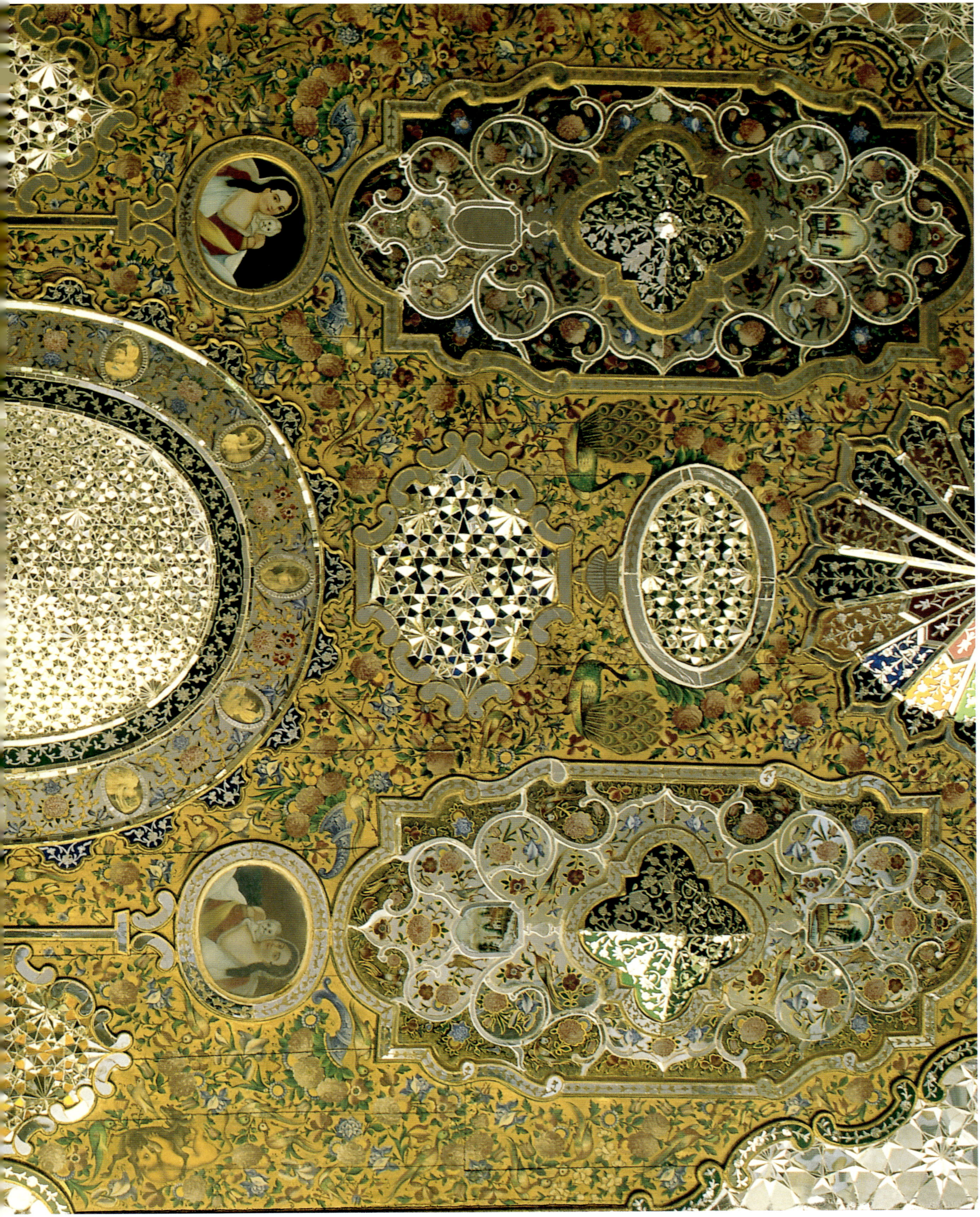

31. R.J. Charleston, « Glass in Persia in the Safavid Period and later », *Art and Archaeology Research Papers*, V, 1974, pp. 12-27.

L'utilisation des miroirs est étroitement liée au développement de cette industrie en Europe. On raconte souvent que l'origine des décors en éclats de miroir proviendrait d'une livraison de glaces venues d'Europe et arrivées en Perse en mille morceaux. On apprend, notamment grâce au consul de Venise à Isfahan, Alessandro Malipiero, que Shâh 'Abbâs Ier a commandé et obtenu plusieurs livraisons de glaces et miroirs de Venise[31]. En revanche, on ne sait pas avec précision à partir de quand on a commencé à utiliser la mosaïque de miroirs ; peut-être l'exemple le plus ancien est-il celui de l'*eyvân* du palais de Chehel-sotun :

« Intérieurement, on est dans les ors rouges, et dans les patientes mosaïques de miroirs, qui par places étincellent encore comme des diamants ; aux petits dômes des voûtes, s'enchevêtrent des complications déroutantes d'arabesques et d'alvéoles. Tout au fond et au centre, derrière les colonnades couleur d'argent, il y a l'immense encadrement ogival qui auréolait le trône et le souverain ; il est comme tapissé des glaçons et de givre[32]… »

32. Pierre Loti, p. 232.

Il est intéressant de noter dans cette description que les colonnes de bois sont volontiers recouvertes d'éclats de miroir, donnant ainsi l'impression – lorsque celles-ci sont placées aux quatre coins d'un bassin, comme à Chehel Sotun – d'immenses jets d'eau jaillissants.

Tout au long du XVIIe siècle, ce type de décor connaît un essor considérable, dont le succès se répercute jusqu'à nos jours, avec un inégal bonheur. Cet engouement pour les décors de miroirs se retrouve dans le nom même de l'un des palais d'Isfahan, malheureusement disparu de nos jours, qui était appelé Â'ine-khâne ou « Maison des miroirs » :
« À une demi-lieue plus loin, dans les champs de pavots blancs et violets, autre palais encore, autre fantaisie de souverain, avec encore l'emplacement d'un trône. Il s'appelle *la Maison des miroirs,* celui-ci, et, en son temps, il devait ressembler à un palais de glaçons et de givre ; son délabrement est extrême ; cependant, aux parties de voûte qui ont résisté, des milliers de fragments de miroir, oxydés par les années, continuent de briller comme du sel[33]. »

33. Pierre Loti, p. 241.

Dans des constructions plus récentes, comme le « Salon des miroirs » du palais de Golestân à Téhéran, la mosaïque de miroirs est appliquée *ad nauseam* jusque dans les moindres recoins. Au cours de l'époque qâjâr, on a également utilisé des miroirs bombés, notamment dans des incrustations de stuc, donnant parfois des résultats étonnants, comme on peut en voir dans certaines maisons de Kâshân par exemple.

HAUT Chiraz. Détail du plafond de la maison Qavvâm, XIXe siècle.

Chiraz. Mausolée de Âqâ Bâbâ Khân. Le décor de mosaïque de miroirs a été récemment refait.

Kâshân. Maison Abbâssiân. Niche murale tapissée d'éclats de miroir, XIXe siècle.

Kâshân. Maison Tabâtabâ'i. Porte-fenêtre donnant sur la cour, XIXᵉ siècle.

CI-DESSUS ET À DROITE *Kâshân, maison 'Abbâssiân. Vitraux sertis dans du plâtre.*

PALAIS ET JARDINS DE PERSE 225

Kâshân. Maison Tabâtabâ'i. Lunette de porte aux verres colorés, XIXᵉ siècle.
À DROITE Yazd. Bâgh-e Dowlatâbâd. Fenêtre du pavillon central, 1787.

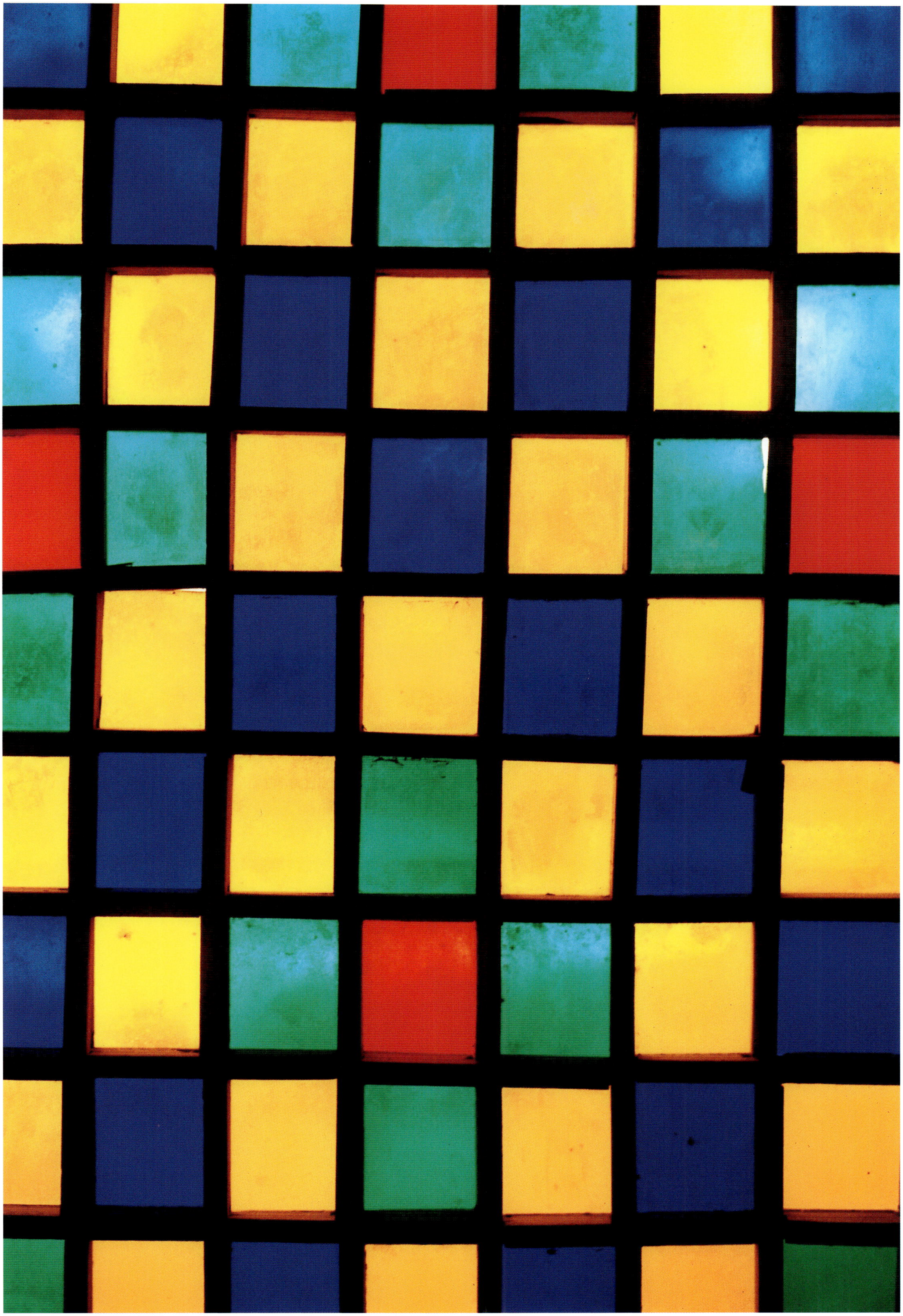

228 PALAIS ET JARDINS DE PERSE

CI-DESSUS ET À GAUCHE *Chiraz. Mosquée Nasir al-Molk, XIX*e *s. Portes-fenêtres donnant sur la cour.*

230 PALAIS ET JARDINS DE PERSE

CI-DESSUS ET À GAUCHE *Yazd. Bâgh-e Dowlatâbâd. Fenêtres en bois et verres de couleurs. 1787.*

Boiseries

Le bois est une denrée rare sur le plateau iranien. « Du désert d'Iran jusqu'aux steppes de l'Asie centrale, le seul bois qu'on trouve est celui des arbres fruitiers des oasis ; dans les montagnes, les forêts ont été épuisées par le travail des métaux. Les grosses pièces de bois nécessaires pour les machines hydrauliques, le bois de construction, le boisement des navires sont importés des forêts de teck de l'Inde, par la côte de Malabar et de Coromandel, et arrivent par le golfe Persique et la mer Rouge », écrit M. Lombard[34].

En réalité, il semblerait qu'à l'époque achéménide, le bois ait été plus abondant dans certaines régions de l'empire ; ainsi, comme on l'a vu plus haut dans l'inscription de fondation du palais de Suse, Darius fait écrire qu'il a fait venir le bois du Gandara et de Caramanie, régions aujourd'hui complètement déboisées[35].

Le palais de Suse, entièrement construit en briques, ou celui de Persépolis, où la pierre est plus abondante, étaient tous deux couverts de charpentes en bois ; ces charpentes reposaient sur des colonnes également en bois à Suse. À Persépolis, certaines parties du palais portaient des colonnes en bois recouvert de peintures ; cependant, seuls les fûts de pierre sont visibles de nos jours.

Les énormes quantités de bois utilisées à la fois pour les constructions navales et les palais, mais aussi comme combustible ont, au fil des siècles, décimé la population forestière de l'Iran.

Cette rareté fait du bois un matériau dont l'utilisation dans l'architecture est limitée. De plus, avec le développement, à l'époque sassanide, des voûtes et des coupoles, la charpente tient dès lors une place moins importante dans les bâtiments.

Dans les maisons ordinaires, le bois sert avant tout à la charpente et à l'huisserie. Chardin note ainsi :
« Les Persans n'ont pas de fort habiles ouvriers en charpenterie, ce qui vient du peu de bois qu'il y a en Perse et du peu de charpente qu'on emploie d'ordinaire aux édifices[36]. »
Plus loin, il ajoute :
« La menuiserie et la boiserie des maisons ne consistent qu'en des portes et en des châssis, qu'on attache sans pentures ou autres ferrures, en cette manière : on laisse en bas, dans la porte, deux bouts de bois, et dans la croisée ou le jambage de la porte (qu'on fait aussi de bois, de peur que la terre ne s'éboule), on fait un trou en haut, au coin, dans le linteau, et un en bas, dans le seuil, où ces bouts de la porte entrent, et deviennent les pivots sur laquelle elle tourne. C'est comme sont faites toutes les portes en Orient, même aux palais, comme aux autres maisons. Il n'y en avait point d'autre sorte aux édifices si renommés de Salomon[37]. »

Cette rareté du matériau pousse les habitants du plateau à récupérer les pièces de bois des maisons qu'ils abandonnent, comme le remarque H.-R. d'Allemagne :
« Ces paysans n'ayant jamais possédé la terre sur laquelle leur maison est construite, la quittent sans regret ; ils abandonnent les misérables murs de boue séchée et le plus souvent emportent les bois de charpente et les portes dont leur demeure était composée[38]. »

Il n'en demeure pas moins que, dans les décors palatiaux ou dans celui des grandes demeures, tout comme dans l'architecture religieuse (notamment avec les *minbar* ou « chaires à prêcher ») le bois joue souvent un rôle important. On le trouve notamment

---

34. Lombard, 1959, p. 39.

35. Sur ce sujet, voir aussi Wulff, *The Traditional Crafts of Persia,* p. 74.

36. Chardin, II, p. 80.

37. Chardin IV, pp. 122-123.

38. H. R. d'Allemagne, I, p. 51.

À GAUCHE *Chiraz, citadelle de Karim Khân. Fenêtre sur cour, XVIIIᵉ siècle.*
À DROITE *Kâshân. Porte de la maison Tabâtabâ'i, XIXᵉ siècle.*

au niveau des portes, des volets et des baies vitrées qui ouvrent sur la cour ou sur le jardin dans les pièces d'apparat. On a vu par ailleurs, notamment dans les palais de l'époque safavide, l'utilisation de colonnes de bois pour supporter des plafonds à caissons, également en bois. Cette utilisation importante d'un matériau d'autre part fort cher implique évidemment qu'on le trouvera plus difficilement dans des habitations plus modestes.

Les différentes pièces de bois sont volontiers moulurées ou décorées au tour à archet ; dans le cas des plafonds, les pièces sont découpées en fines lames et assemblées, un peu à la façon de marqueteries. Le plus souvent, les poutres et les caissons reçoivent un vernis qui recouvre, le cas échéant, des motifs exécutés à la peinture.

Les menuisiers de la ville de Qazvin se sont fait une bonne réputation dans la fabrication de grands miroirs encadrés et que l'on peut fermer avec des volets ; ce dernier trait viserait à satisfaire une superstition traditionnelle qui veuille que l'on ne se regarde pas le matin avant d'avoir procédé aux ablutions[39].

39. Wulff, p. 88.

Kâshân. Maison Borujerdi. Coupole du grand salon, avec ses « capteurs de lumière », XIXᵉ siècle.

POSTFACE

*L'ombre comme un parfum s'exhale des montagnes
et le silence est tel que l'on croirait mourir…*
Paul Fort

L'évocation des « prestiges anciens » (pour reprendre l'expression de Leconte de Lisle), comporte souvent une note de mélancolie ou d'un regret tout crépusculaire. On se complairait en effet volontiers à clore un tel ouvrage dans le flamboiement d'un soleil couchant, dorant dans la poussière les coupoles d'un sanctuaire, ou brillant au travers des branches effeuillées d'un grand arbre malade… Ceci est particulièrement sensible chez des auteurs comme Loti, qui semble avoir consacré son œuvre à décrire la lente agonie qu'est pour lui l'épreuve de la vie. Ainsi, il livre dans ses notes le délabrement dans lequel est tombée la ville-jardin d'Isfahan en ce tout début de XXe siècle :

« Le Tscharbag, tel qu'il m'apparaît au soleil de ce matin de mai, est d'une indicible mélancolie, voie de communication presque abandonnée entre ces deux amas de ruines, Ispahan et Djoulfa. Les platanes, plus de trois fois centenaires, y sont devenus des géants qui se meurent, la tête découronnée ; les dalles sont disjointes et envahies par une herbe funèbre. Les pièces d'eau se dessèchent ou bien se changent en mares croupissantes ; les plates-bandes de fleurs ont disparu et les derniers rosiers tournent à la broussaille sauvage. Entre qui veut dans les quelques palais restés debout, dont les plafonds délicats tombent en poussière et où les Afghans, par fanatisme, ont brisé dès leur arrivée le visage de toutes les belles dames peintes sur les panneaux de faïence. Avec ses allées d'arbres qui vivent encore, ce Tscharbag, témoin du faste d'un siècle si peu distant du nôtre, est plus nostalgique cent fois que les débris des passés très lointains[40]. »

S'il est bien des dommages irréparables que l'on peut constater encore à l'heure actuelle, heureusement, sans doute, les temps ont changé depuis le voyage de Loti. De façon souvent remarquable, les services chargés de la protection des monuments historiques d'Iran se sont efforcés – parfois secondés par des spécialistes étrangers – de restaurer ce qui peut encore être sauvé et s'appliquent ainsi à rouvrir les portes d'un monde qui apparaît toujours à bien des personnes comme un « pays des Mille et Une Nuits ». Nul ne doute qu'il y ait des « chefs-d'œuvre en péril » et bien des sites à découvrir encore et à mettre en valeur ; les temps aujourd'hui seraient-ils à l'espérance ?

*De cette eau, de cette argile, Tu m'as façonné ; qu'y puis-je ?
Et cette laine et ce lin, Tu les as filés ; qu'y puis-je ?
Tout le mal et tout le bien qui sort de moi ici-bas,
Qu'y puis-je, puisque c'est Toi qui l'as écrit sur mon front.*

Omar Khayyâm

[40]. Pierre Loti, *Vers Ispahan*, pp. 217-218.

LEXIQUE DE L'ARCHITECTURE PERSANE

âb-anbâr : citerne ; réservoir d'eau souvent construit en forme de coupole surmontant une salle enterrée.

â'ine : miroir ; *Â'ine-khâne*, « pavillon des miroirs ».

âjor : brique cuite.

andarun : l'intérieur ; la partie privée d'une habitation (s'oppose à *birun*).

arg : citadelle (comme à Chiraz, par exemple).

bâd-gir : capteur de vent ; système de ventilation utilisant des tours qui captent les vents et les font circuler par des conduits intérieurs afin de les rafraîchir, notamment en passant par les sous-sols (*zirzamin, sardâb*) des maisons.

bâgh : jardin ; *chahâr-bâgh* : « quatre jardins », jardin à division quadripartite.

band-e rumi : « nœud de Rum », motif décoratif d'entrelacs géométriques ; voir aussi *gereh-bandi*.

bannâ'i : brique émaillée sur une face.

birun : l'extérieur ; la partie publique de la maison (s'oppose à *andarun*).

bustân : verger.

chahâr-bâgh : « quatre jardins » ; évocation des quatre parterres du Paradis, séparés par quatre fleuves ; nom d'une grande avenue d'Isfahan.

divân-khâne : dans un complexe palatial, désigne le pavillon des audiences publiques.

eslimi : motif « islamique », en forme d'arabesque ou rinceaux de palmettes stylisées.

eyvân : pièce voûtée fermée sur trois côtés et ouverte sur le dernier, notamment sur une cour ; par extension ou synecdoque (partie pour le tout), désigne parfois le palais.

gach-bori : gypserie, travail du stuc.

gâvchâh : procédé d'élévation de l'eau d'un puits au moyen d'un animal de trait (*gâv* : bœuf).

gereh-bandi : motif décoratif d'entrelacs géométriques angulaires.

ghusl : la « grande » ablution rituelle.

golestân : roseraie.

haft-rang(i) : « à sept couleurs » ; dans la céramique, ce terme est utilisé pour désigner deux productions bien différentes ; l'une est appelée de nos jours *minâ'i* et désigne un décor de petit feu en partie effectué sur la glaçure ; l'autre, d'apparition plus tardive, désigne les carreaux polychromes « à ligne noire ».

hezâr-bâf : « mille tissages », motif décoratif mis en œuvre avec des briques *bannâ'i* et imitant la vannerie.

howz : bassin ; *howz-khâne* : pavillon de fraîcheur.

kâh-gel : torchis ; mélange de paille (*kâh*) et de glaise (*gel*).

kârez : voir *qanât*.

kâshi : carreau de céramique émaillée ; provenaient à l'origine de la ville de Kâshân. L'expression *kâshi-ye mo'arraq* désigne la mosaïque de carreaux découpés.

khâne : la maison ; souvent utilisé en mot composé : *chini-khâne*, « le pavillon aux porcelaines ».

khatâ'i : motif « sinisant » (de Cathay, la Chine de Marco Polo) ; enroulements de rinceaux végétaux d'inspiration extrême-orientale.

kushk : palais ; a donné le français « kiosque ».

madrasa : institution d'enseignement supérieur des sciences traditionnelles (théologie, droit musulman, mais aussi philosophie, astronomie, médecine, etc.)

meydân : grande place ; *Meydân-e Shâh*, la place Royale (à Isfahan, par exemple).

muqarnas : décor architectural à motifs de stalactites.

naqqâsh : peintre ou designer, concepteur du décor (d'un édifice, par exemple).

nur-gir : capteur de lumière ; alvéoles placées dans une coupole et servant à en éclairer l'intérieur.

pairi-daeza : mot avestique (langue iranienne ancienne) désignant à l'origine un enclos de chasse royal ; par le grec *paradeisos*, il a donné le français « paradis ».

qanât : canal souterrain formé d'une succession de puits verticaux reliés par une galerie souterraine (voir aussi *kârez*).

sâqiye : roue portant une chaîne à godets permettant l'élévation de l'eau d'un puits.

sarâparde : clôture de toile.

sardâb : littéralement « eau froide » ; pièce de fraîcheur voûtée, en sous-sol des habitations, comportant souvent un bassin rafraîchi par des *bâd-gir*.

sarvestân : jardin planté de cyprès.

shâh-neshin : littéralement, « là où le roi s'assoit » ; espace dominant une perspective, à l'avant d'un *eyvân*, par exemple, ou au fond d'un salon dans les grandes maisons bourgeoises.

sotun : colonne ; Chehel-sotun, « les Quarante colonnes », nom d'un palais à Isfahan.

tâlâr : alors que de nos jours le terme désigne un grand hall ou un salon, à l'origine le terme semble réservé aux terrasses couvertes, soutenues par des colonnes, comme au-devant du palais de Chehel-sotun.

tâq : la voûte, l'arche.

wudû' : la « petite » ablution.

yakhtchâl : glacière ; construction en briques formant un dôme et recouvrant une fosse dans laquelle on entrepose la glace.

TABLEAU CHRONOLOGIQUE

DATE	DYNASTIES/RÈGNES	MONUMENTS	SOURCES/VOYAGEURS
-550/-330	**Achéménides**	Pasargades	
		Suse	
		Persépolis	Xénophon
-330	Invasion d'Alexandre		
-305/-64	**Séleucides**		
-250/220	**Arsacides**		Strabon
			Quinte-Curce
226-651	**Sassanides**	Ctésiphon	
661-750	**Omeyyades**		
750-1258	**'Abbâssides**		
762		Fondation de Bagdad	
819-1005	**Samanides**	Palais de Samarra	
905-943		Tombeau d'Isma'il le Samanide à Boukhara	
932-1062	**Buyyides**		
1038-1194	**Seljoukides**		
1077-1088		Coupoles de la Mosquée du Vendredi d'Isfahan	
1077-1231	**Khwârazm-shâhs**		
1157		Tombeau de Sanjar à Marv	
1256-1353	**Ilkhanides**		
c. 1280		Palais de Takht-e Soleymân	
1307-1313		Tombeau d'Oljaytu	Marco Polo
			Ibn Battûta
1370-1506	**Timourides**		
1370-1405	Timour	Palais d'Aq Saray	
		Jardins de Samarcande	Clavijo
1378-1508	**Aq Qoyyunlu**		
1380-1468	**Qara Qoyyunlu**		
1465		Mosquée Bleue de Tabriz	
1501-1732	**Safavides**		
1501-1524	Shâh Esmâ'il Ier	Capitale à Tabriz	
1524-1578	Shâh Tahmâsp	Transfert de capitale à Qazvin	
1588-1629	Shâh 'Abbâs Ier	transfert de capitale à Isfahan	
		Complexe Naqsh-e Jahân	
1617			Della Valle
		Palais d'Ashraf et de Fîn	
1642-1666	Shâh 'Abbâs II		
			Jean Chardin
1666-1694	Shâh Soleymân (Safi II)		Figueroa
1667		Hasht-Behesht	
1694-1722	Shâh Soltân Hoseyn	Farahâbâd	
1704-1714		Madrasa de Chahâr-Bâgh	
1736-1795	**Afshârs**	Capitale à Mashhad	
1750-1794	**Zands**	Capitale à Chiraz	
1750-1779	Karim Khân	*Arg* et Pavillon de Chiraz	
1779-1924	**Qâjârs**	Capitale à Téhéran	
1797-1834	Fath 'Ali Shâh		
1806		Pavillon du Trône de Marbre	
		Palais du Golestân	
1848-1896	Nâser al-Din Shâh		
1887			J. Dieulafoy
1900			Pierre Loti

BIBLIOGRAPHIE

ALLEMAGNE, H.-R. d', *Du Khorâsân au pays des Bakhtiâris*. Paris, 1911.

'ATTÂR, Farid al-Din, *Elâhi-nâme, le Livre divin*. Trad. F. Rouhani. Paris, 1961.

BABUR, Zahir al-Din Pâdshâh, *Bâbur-nâme*. Trad. A.S. Beveridge (1922), rééd. Delhi, 1979.

BARIDON, Michel, *Les Jardins. Paysagistes, jardiniers, poètes*. Paris, 1998.

BINYON, L., WILKINSON, J.V.S. et GRAY, B., *Persian Miniature Painting*. rééd. New York, 1971.

BLAKE, Stephen P., *Half the World : the Social Architecture of Safavid Isfahan, 1590-1722*. Costa Mesa, 1999.

BOMBACI, Alessio, *Histoire de la littérature turque*. Paris, 1968.

BOSWORTH, Edmund C., *Islamic Dynasties*. Édimbourg, 1967.

BROOKES, John, *Gardens of Paradise. The History and Design of the Great Islamic Gardens*. Londres, 1987.

BYRON, Robert, *La Route d'Oxiane*. Trad. M. Pétris. Paris, 1993.

CARSWELL, John, *New Julfa, the Armenian Churches and other Buildings*. Oxford, 1968.

CHARDIN, Jean, *Voyages du Chevalier Chardin en Perse et autres lieux de l'Orient*. Éd. L. Langlès, Paris, 1811.

CHARLESTON, R.J., « Glass in Perisa in the Safavid period and later », *Art and Archaeology Research Papers*, V, 1974, pp. 12-27.

CLAVIJO, Ruy González de, *La Route de Samarcande au temps de Tamerlan : relation du voyage de l'ambassade de Castile à la cour de Timour Beg*. Trad. L. Kehren. Paris, 1990.

CLEVENOT, D. et DEGEORGE, G., *Décors d'Islam*. Paris, 2000.

Le Coran, Trad. Kasimirski. Paris, 1970.

DARIDAN, J. et STELLING-MICHAUD, S., *La Peinture séfévide d'Ispahan. Le palais d'Ala Qapy*. Paris, 1930.

DELLA VALLE, Pietro, *Voyages de Pietro della Valle, gentilhomme romain dans la Turquie, l'Égypte, la Perse et autres lieux*. Paris, 1745.

DIBA, D., REVAULT, Ph. et SANTELLI, S., *Maisons d'Ispahan*. Paris, 2001.

DIEULAFOY, Jane, *La Perse, la Chaldée et la Susiane*. Paris, 1887.

ECHRAGHI, Ehsan, « Description contemporaine des peintures murales disparues des palais de Shâh Tahmâsp à Qazvin », *Art et société dans le monde iranien,* éd. C. Adle, pp. 117-126.

ESKANDAR BEYG MONSHI, *Târikh-e 'âlam-ârâ-ye 'abbâsi*. Éd. I. Afshâr, Téhéran, 1956.

FEUVRIER, J.-B., *Trois ans à la cour de Perse*. Paris, 1900.

FIGUEROA, García de Silva, *L'Ambassade de don Garcia de Silva Figueroa en Perse*. Trad. De Wicquefort. Paris, 1667.

FLAUBERT, Gustave, *Voyage en Égypte*. Éd. P.-M. de Biasi. Paris, 1991.

GALDIERI, Eugenio, *Esfahân : 'Ali Qâpu, an Architectural Survey*. Rome, 1979.

GHIRSHMAN, Roman, *L'Iran des origines à l'Islam*. Paris, 1976.

GOBLOT, Henri, « Les hydrauliques méconnus des Iraniens de l'Antiquité jusqu'à la Renaissance », *Sciences et techniques*, n° 31, 1976, pp. 3-8.

- *Les qanâts. Une technique d'acquisition de l'eau*. Paris, 1979.

al-HASSAN, A.Y. et HILL, D.R., *Sciences et techniques en Islam*. Paris, 1991.

HOAG, John D., *Architecture islamique*. Paris, 1991.

HOMMAIRE de HELL, Xavier, *Voyage en Turquie et en Perse*. Paris, 1854-1859. Le volume des planches dessinées par Jules Laurens porte le sous-titre *Atlas historique et scientifique* (1859).

IBN BATTÛTA, *Voyages. I. De l'Afrique du Nord à La Mecque*. Trad. C. Defremery et B.R. Sanguinetti (1858). Paris, 1982.

KHANSARI, M., MOGHTADER, M.R. et YAVARI, M., *The Persian Garden : Echoes of Paradise*. Washington, 1998.

KLEISS, Wolfram, « Die Safavidischen Schlösser am Königsweg von Isfahan nach Farahabad /Ashraf am Kaspicher Meer », *Archäologisches Mitteilungen Iran*, n° 21 (1988), pp. 223-232.

LAZARD, Gilbert, dir., *Littérature d'étranges pays : Iran*. Paris, 1973.

LE BRUYN, Cornelius, *Voyages de Corneille Le Brun par la Moscovie, en Perse et aux Indes orientales*. Amsterdam, 1718.

LENTZ, T.W. et LOWRY, G.D., éd., *Timur and the Princely vision*. Washington, 1989.

LOMBARD, M., « Le bois dans la Méditerranée musulmane (VIIe-XIe s.) », *Annales*, 14 (1959), pp. 234-254.

LOTI, Pierre, *Vers Ispahan*. Paris, 1925.

LOUKONINE, V. et IVANOV, A., *L'Art persan*. Bournemouth, 1995.

LUSCHEY-SCHMEISSER, Ingeborg, *The Pictorial Tile Cycle of Hasht-Behesht in Isfahan and its Iconographic Tradition*. Rome, 1978.

MASSE, Henri, *Anthologie persane (XIe-XIXe siècles)*. Paris, 1950.

La Médecine au temps des califes ; À l'ombre d'Avicenne. Catalogue d'exposition, IMA, Paris, 1996.

MELIKIAN-CHIRVANI, A.S., *Les Frises du Shâh-nâme dans l'architecture iranienne sous les Ilkhan*. Paris, 1996.

Les Mille et Une Nuits. Contes arabes. Trad. A. Galland. Paris, 1965.

MOHEBBI, Parviz, *Techniques et ressources en Iran du VIIe au XIXe siècle*. Téhéran, 1996.

NEZÂMI de Ganjah, *Le Roman de Chosroès et Chirin*. Trad. H. Massé. Paris, 1970.

PAGLIARO A. et BAUSANI, A., *Storia della letteratura persiana*. Milan, 1960.

POLO, Marco, *Le Devisement du monde. Le livre des merveilles*. Texte établi par A.-C. Moule et P. Pelliot ; trad. L. Hambis. Paris, 1996.

POPE, John A., *Chinese Porcelain from Ardabil*. Washington, 1956.

PORTER, Yves, *L'Art de la céramique dans l'architecture musulmane*. Photos G. Degeorge. Paris, 2001.

- « Les jardins d'Ashraf vus par Henry Viollet », *Res Orientales VIII. Sites et monuments disparus*, Bures-sur-Yvette, 1996, pp. 117-138.

- *Peinture et arts du livre*. Paris/Téhéran, 1992.

POUGATCHENKOVA, Galina A., ,d., *Chefs-d'œuvre d'architecture de l'Asie centrale XIVe-XVe siècle*. Paris, 1981.

QÂZI AHMAD QOMI, *Calligraphers and Painters*. Trad. V. Minorsky, Washington, 1959.

SCARCIA, Gianroberto, « La casa Borugerdi di Kâshân : materiali figurativi per la storia culturale della Persia qagiar », *Annali dell'Istituto Universitario Orientale di Napoli*, N.S., XII, 1962, pp. 83-93.

SCHLUMBERGER, Daniel, *Laskhari Bazar*. Paris, 1978.

SHAHBAZI, A. Sh., *Persépolis illustré*. Téhéran, 1976.

SOURDEL, D. et J., *La Civilisation de l'Islam classique*. Paris, 1968.

STCHOUKINE, Ivan, *Les Peintures des manuscrits timurides*. Paris, 1954.

SUBTELNY, M. Eva, « Agriculture and the Timurid *chahârbâgh* : the evidence from a medieval Persian agricultural manual », dans A. Petruccioli, éd., *Gardens in the time of the great Muslim empires*, Leiden, 1997, pp. 110-128.

- « Mirak-i Sayyid Ghiyas and the Timurid tradition of landscape architecture », *Studia Iranica*, 24 (1995), pp. 19-60.

VESEL, Ziva, « Les traités d'agriculture en Iran », *Studia Iranica* 15, 1 (1986), pp. 99-108.

VIOLLET, Henry, « Le palais d'Al-Mutasim, fils d'Harun al-Rachid, à Samara et quelques monuments arabes peu connus », *Comptes rendus des séances de l'Académie des Inscriptions et Belles-Lettres*, (Paris, 1909), p. 370-375.

- « Fouilles à Samara en Mésopotamie : un palais musulman du IXe siècle », Extrait des *Mémoires présentés par divers savants à l'Académie des Inscriptions et Belles-Lettres*, Tome XII, 2e partie (Paris, 1911), 35 p., 23 pl.

WILBER, Donald N., *Persian Gardens and Garden Pavilions*. Rutland, New York, 1962.

WILKINSON, CK., *Nishâpur, some early Islamic Buildings and their Decoration*. New York, 1986.

WULFF, Hans, *The Traditional Crafts of Persia*. Cambridge Mass., 1966.

ZANDER, Giuseppe, *Travaux de restauration des monuments historiques en Iran*. Rome, 1968.

Achevé d'imprimer en septembre 2002
sur les presses de J. C. G., Barcelone.
Dépôt légal : octobre 2002